うたまるのごはんの

かんたん

親子ごはん

Gakken

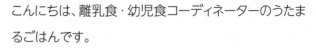

はじめに

こんにちは、離乳食・幼児食コーディネーターのうたまるごはんです。

現在私は、Instagramを中心に、誰でもできる"かんたんでわかりやすい離乳食・幼児食"や"とりわけできる親子ごはん"を発信しています。

私の前作『うたまるごはんのかんたんフリージング離乳食・幼児食』では、離乳期を中心とした献立やレシピを紹介してきました。

そこで2冊目となる今回は、1冊目のステップアップとして、離乳食を卒業したらぜひ試してほしい親子ごはんのレシピを、ぎゅっと200レシピ以上盛り込みました。

本書の特徴は、何といっても「とりわけできる料理が多い」こと。大人と子どものごはんを途中まで同時に作り、仕上げの段階でとりわけて食材の大きさや味つけを変えることで、"子どもにはやさしい味つけ"で、"パパもママも満足できる"、家族みんなが笑顔になれるおいしい料理ができ上がります。

「毎回、大人と子どもの料理を別々に作っていて大変!」
「子どもの料理に合わせて大人も薄味にしているけれど、実はちょっと物足りない」
「大人に合わせた味つけで子どもの分も作っているけれど、濃さが心配……」
この本の親子ごはんなら、そんな悩みがサクッと解決します。

本書で特にこだわったポイントは、次の3つ。

1 大人2食分、子ども2食分の量を基本とし、家族の数が多くても同じ料理を食べられる。万が一余っても、冷凍、冷蔵して、別の日に食べることができる。

2 できるだけ洗い物が出ないような工程や調理方法にし、誰でもかんたんに作ることができる。

3 1冊目と同様、全工程写真つきで料理が苦手な方でもわかりやすいレシピになっている。

さらに、平日少しでもラクができるよう、休日に仕込んでおきたい下味冷凍レシピや冷凍カット野菜などの保存法や、イベントを楽しみたい方に向けたイベントレシピも紹介しています。

離乳食が終わって幼児食がはじまり、少しずつ大人と同じごはんに近づけていきたいけれど、何をどう作ればいいかわからない……。そんなときにこの本を見ていただき、家族みんなで楽しんでもらえたら幸いです。

うたまるごはん

もくじ

Part 1

定番から変わり種まで 親子で食べられる 主役級おかず … 21

Column 1 休日のひと手間で平日がラクになる! 冷凍ストック & 下味冷凍レシピ … 66

Part 2

ひと品でお腹がしっかり満たされる! 親子で食べられる 主食レシピ … 71

Column 2 かんたんアレンジで脱マンネリ! 栄養満点子ども朝ごはんレシピ … 108

Part 3

栄養を手軽にとれる 親子で食べられる 副菜レシピ

Part 4

体がぽかぽか温まる 親子で食べられる スープレシピ

Part 5

甘い系からしょっぱい系まで！ 親子で食べられる おやつレシピ

とりわけ&作りおきで家事負担を軽減！

親子ごはんのココがスゴい！

親子ごはんの幼児食は大人の食事といっしょにパパッと調理することで、一気に時短ができちゃいます。しかも、休日に作りおきしてフリージングすれば、忙しい日にはチンするだけでOK！

▶ とりわけのやり方

とりわけ例1

ココでは薄味で作るのがポイント！

ココでとりわけ！

全員分まとめて調理START！

大人と子どもの分の食材を切って、調理開始！子どもに合わせた薄味をベースに味つけをします。

子どもの分をとりわける

大人用のごはんを作っている途中で、子ども用のごはんが完成！

追加調味料を加える

子ども用をとりわけた後、大人用を作ります。子ども用の味つけでは少し物足りないので、仕上げに追加調味料を加えて大人の味つけに！

とりわけ例2

ココで味つけを変えています

食材を大人用と子ども用にわける

漬け込みで味をつけるメニューなどは、最初に子ども用に味つけする分と、大人用に味つけする分をわけます。

同時に焼いて料理が完成！

後はわけてフライパンやオーブンで同時に焼くだけ。最終的な工程がいっしょになるので、二度手間が防げて調理がぐーんとラクに！

家族いっしょにいただきます♪

余った分はフリージングor冷蔵保存OK！

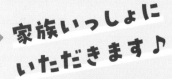

※レシピによっては冷凍・冷蔵保存できないものもあります。

とりわけ＆作りおきのメリット

メリット1

家族みんなの料理を
同時に作れる！

うたまるごはんの親子ごはんなら、「大人のごは
んを作っている間に子ども用のごはんができる」
ので、調理の手間や時間を削減しつつ、きちんと
した幼児食が作れます。また、作りたての料理を、
いっしょに食べられるのも◎！

メリット2

冷凍＆冷蔵保存で
食材ロスが減る！

この本では、基本的に一度の調理で大人、子ど
もの複数のごはんが完成します。ほとんどのレ
シピで冷凍保存や冷蔵保存ができるので、食べ
る量が違ってもレシピ通りに調理して、余った分
を別の日に食べることもできます。

メリット3

作りおきしておけば
あとはチンするだけ！

作りおきできるレシピが多いので、夜ごはんで
作って余った分は、保存できるのがうれしいポイ
ント。作りおきした分は、電子レンジでチンすれ
ばすぐに食べられるので、忙しい日や料理をする
のが面倒な日に重宝します。平日料理をする時
間がない人は、休日に作りおきしてもOK。

メリット4

大人は辛いものや
味つけの濃いものも
思う存分食べられる！

スパイシーな味つけや、濃い味つけのごはんも、
子ども用のごはんといっしょに完成します。「辛
いものが食べたいけど、わざわざ自分のために
作るのは面倒だなぁ」と諦めていた人も、手間少
なく満足できる料理が食べられます。

そもそも幼児食って何？
離乳食と何が違うの？

幼児食の基本

幼児食とは、離乳食完了後の子どもが食べる食事のこと。
「大人と同じ食事がとれるまでの移行期」とされており、
この時期の食事は子どもの体や心の成長に深く関わっています。

子どもの心身の成長を助けながら
大人の食事に近づけるための食事

幼児食とは、離乳食が完了した1歳半から5歳頃までの食事のこと。この頃になると、離乳期よりはさまざまなものが食べられるようになってきますが、大人に比べるとかむ力も消化機能もまだまだ未熟。大人とまったく同じ食事内容では、体に大きな負担がかかってしまうため、子どもの発達に合わせて食事内容を大人の食事に近づけていく「幼児食」の期間が必要になります。また食事の環境も、これまでのフォークやスプーンを使った食事から、お箸のマナーを覚える段階へとゆっくりステップアップさせていきます。
いろいろな色や形、匂いの食材に触れたり、食材を味わうことは、子どもの心身の発達に関わる大切な体験です。幼児食を通して、生きる源である「食事を楽しむ」心を育みます。

🚩 幼児食の役割

1
成長に
合わせた食事で
じょうぶな体を作る

幼児期はみるみる体が成長していき、毎日の活動量が増える時期。適切なエネルギーと栄養素がバランスよく含まれた食事を与えることで、子どもが免疫力の高いじょうぶな体を作り、成長するのをサポートします。また、決まった時間に食事をすることで、食事の時間にお腹が空くようになり、生活のリズムが整ってきます。

2
かむ力と
味覚を成長させる

乳歯の生え方に合わせて少しずつ食材を大きくしたり、かみ応えのある食材を増やしたりすることで、かむ力を鍛えます。かむことで、顔や舌の筋肉が発達し、表情も豊かになります。また、この時期にいろいろな食材の味を体感すると、「旨み」や「風味」を繊細に感じとれるようになり、味覚の幅が広がります。

3
食に対する関心と
楽しむ心を育てる

家族みんなでわいわい食卓を囲むことで、「食べたい」という気持ちを自然と引き出すことができたり、食べることへのポジティブな印象を持ちやすくなったりします。好き嫌いや遊び食べで食事が進まないときもありますが、完食にこだわりすぎず、リラックスした気持ちで子どもの食事を見守りましょう。

幼児食の与え方のPoint

Point 1

子どもの成長に合わせて進める

幼児期に与える食事の量は、厚生労働省の「日本人の食事摂取基準（2020年版）」でその目安が定められています。しかし、子どもの発達には個人差があり、体格や活動量によっても必要なエネルギー量は変わってきます。また、食への関心や意欲も一人ひとり異なるので、指標はあくまでも目安と考え、子ども自身の成長ペースに合わせて進めましょう。

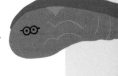

Point 2

はじめての食材がないか確認する

幼児期は、食べられるものがどんどん増えてくる時期ですが、発達途中の体には負担がかかるものもあります（P.14参照）。離乳期から引き続き食物アレルギーなどに注意し、はじめて食べる食材がある場合は、なるべく1種類ずつ与えて、体調に変化がないかよく観察しましょう。アレルギーと思われる不調が出たら、必要に応じて医師に相談してください。

Point 3

衛生面に気をつけて必要な場合は加熱処理を

赤ちゃんの頃に比べれば抵抗力がついてきたとはいえ、まだまだ雑菌などへの抵抗力は大人に比べて弱い時期です。「調理前や生ものに触れた後にはしっかり手を洗う」「生ものを出しっぱなしにしない」など、衛生面には充分注意して調理しましょう。また、子どもにはじめての食材を与える際に不安な場合は、中までしっかり加熱しましょう。

Point 4

食材の大きさに配慮し誤えんに注意！

うずらの卵などの小さく丸い食材は、丸飲みして窒息する危険性があるため、必ず4等分以上に切って与えます。また、こんにゃくなどのかみづらいものもできるだけ小さくして与え、誤えんを防ぎましょう。食べながら歩いてしまったり、食べ物を口に入れすぎてしまったりすることもあるので、食事中は常に目を離さず見守りましょう。

Point 5

基本は薄味を心がけ風味や食感で変化をつける

幼児期は味覚が育つ大切な時期。さらに子どもの味覚は大人よりも鋭いといわれているため、香辛料を使った刺激的な味つけや、濃い味つけは控えましょう。基本的には食材そのものの味をしっかり感じられる薄味をベースに、年齢に合った調味料をとり入れて、味のバリエーションを増やしていくと飽きずにおいしく食べられます。

Point 6

子どもの成長に合わせお箸にもチャレンジ！

体や脳が成長していくことで、「食べ方」もだんだん変化していきます。離乳食後期から手づかみ食べがはじまり、1歳頃から少しずつスプーンを使うように。だんだんとスプーンとフォークを使ってうまく食べられるようになっていきます。大人が使っているお箸に関心を示しはじめたら、子ども用のお箸にもチャレンジさせてみましょう。

幼児期の栄養と進め方

1日に必要なエネルギー

男子 **950kcal**
女子 **900kcal**

食事回数

1日**3**回+おやつ**1～2**回

食材の固さや大きさ

離乳食後すぐは、フォークで切れるほどの柔らかさに調整し、様子を見ながら奥歯ですりつぶす必要のある固さやサイズのものをとり入れ、少しずつつかむ練習をしていきます。

食事状況

手づかみ食べから、スプーンやフォークに移行する時期ですが、焦らなくてもOK。子どもの成長に合わせてステップアップしていくのが大切です。

注意するポイント

食事の最中、洋服や床が汚れても、温かく見守る姿勢が大切。また、好き嫌いや食べムラがあっても無理に食べさせようとせず、まずは食事を楽しめるようにします。

幼児食前期（1歳半～2歳頃）

離乳食が完了する頃になると、意思表示ができるようになり、好き嫌いが目立ちはじめます。完食することができなくても「1日の全体量で栄養をとれればOK」と考えましょう。また、奥歯が生えてきて食べ物をかみくだいて食べられるようになってきます。ただし、まだまだかむ力が弱いので、柔らかいものからはじめ、徐々にかみ応えのあるものをとり入れていきましょう。2歳前後になると、ある程度の物をかみくだくことができるようになります。お肉などは小さくほぐしたものだけでなく、塊も食べられるようになってきます。まずはひと口大からはじめ、だんだん大きくしていきましょう。

1日の食事量の目安

栄養素	食品	目安量
炭水化物	穀類	200～300g 例) 食パン（8枚切り）1枚 +ごはん（80～100g）2杯
たんぱく質	肉類	30～40g 例) 薄切り肉1枚ほど
	魚類	30～40g 例) 切り身（小）1/3～1/2切れ
	卵	30～40g 例) 1/2個
	大豆・大豆製品	30～40g 例) 豆腐1/10丁
	牛乳・乳製品	200～350g 例) 牛乳、ヨーグルト、チーズなど
ビタミン・ミネラル	緑黄色野菜	40～60g 例) にんじん、かぼちゃ、ブロッコリーなど
	淡色野菜	60～90g 例) 玉ねぎ、キャベツ、大根など
	海藻・きのこ類	10～15g 例) わかめ、しめじなど
	いも類	40～50g 例) じゃがいも、さつまいもなど
	果物	100～150g 例) りんご、みかんなど
脂質	油脂類	8g 例) 植物性油小さじ2

1日に必要なエネルギーなどは厚生労働省の「日本人の食事摂取基準（2020年版）」に基づいて算出しています。ただしエネルギー量や食事量はあくまでも目安です。子どもの体格や運動量などによって適量が異なるため、様子を見て加減しましょう。

幼児食後期（3歳〜5歳頃）

乳歯が生えそろってきて、だんだんと食べられる食材が増えていく幼児食後期。味覚の幅も広がって、少量の甘酢など、酸味のある料理もおいしいと感じるようになっていきます。また、胃が成長して1回の食事量が増えていくため、おやつも腹持ちがよい食材をチョイスしましょう。なお、3歳頃になるとスプーンとフォークを使って、自分ひとりでごはんが食べられるようになります。この頃から多くの子どもが幼稚園や保育園に通うようになるため、「いただきます」や「ごちそうさま」などの食事のマナーを覚えたり、配膳の手伝いをしたりと、社会性を学ぶ機会も増えます。

1日に必要なエネルギー

男子 **1300kcal**
女子 **1250kcal**

食事回数

1日**3**回＋おやつ**1**回

食材の固さや大きさ

乳歯が生えそろったら、大人よりも少し柔らかい程度の固さの食材も食べられます。大きさはいろいろなサイズにカットして、「食感を楽しむ」という経験を積ませましょう。

食事状況

スプーンやフォークを使ってひとりで食べられるように。家族以外と食事をする楽しさや、「いただきます」など食事のマナーも覚えていきます。お箸を持つ練習も開始。

注意するポイント

大人に近い食事ができるようになっても、味の濃いものは極力避けます。料理に興味を持ちはじめたら、「レタスをちぎる」などのかんたんな調理をいっしょに行うと◎。

1日の食事量の目安

栄養素	食品	目安量
炭水化物	穀類	250〜350g 例）食パン（6枚切り）1枚 ＋ごはん（100〜120g）2杯
たんぱく質	肉類	40〜50g 例）薄切り肉2枚ほど
	魚類	40〜50g 例）切り身1/2切れ
	卵	40〜50g 例）1/2〜1個
	大豆・大豆製品	40〜50g 例）豆腐1/7丁
	牛乳・乳製品	200〜350g 例）牛乳、ヨーグルト、チーズなど
ビタミン・ミネラル	緑黄色野菜	60〜70g 例）にんじん、かぼちゃ、ブロッコリーなど
	淡色野菜	90〜100g 例）玉ねぎ、キャベツ、大根など
	海藻・きのこ類	10〜15g 例）わかめ、しめじなど
	いも類	50〜60g 例）じゃがいも、さつまいもなど
	果物	150〜200g 例）りんご、みかんなど
脂質	油脂類	12〜15g 例）植物性油大さじ1

幼児期の栄養と献立の立て方

体も心も発達途中の子どもにとって、食事の栄養バランスを意識することは大切です。
バランスの良い食事が、子どもの健やかな成長につながります。

健康な体作りに欠かせない 5大栄養素

脳と体の元気の源！ 炭水化物

体を動かしたり、脳を働かせたりするための
エネルギー源が炭水化物。体や脳の成長
が著しい幼児期には、炭水化物をしっかり
とることが大切です。

効率のよいエネルギー源 脂質

脂質は1gあたりのエネルギー量が多いの
で、多くのエネルギーが必要な子どもにとっ
ては、効率のよいエネルギー源となります。
できるだけ良質な脂質を摂取しましょう。

筋肉の発達に欠かせない たんぱく質

筋肉や皮膚、骨などの組織を作る栄養素。
たんぱく質には、肉や魚などの動物性たん
ぱく質と、豆腐などの植物性たんぱく質が
あります。できるだけいろいろな食材から
摂取しましょう。

体の調子を整える ビタミン

成長を促したり、抵抗力を高めたりする栄
養素。意識して与えないと不足してしまい
がちな栄養素なので、注意が必要。主に野
菜や果物に多く含まれます。

成長をサポート ミネラル

体内の代謝を活性化させる栄養素で、不足
すると体の不調につながるおそれもありま
す。主に、じょうぶな骨や強い筋肉を作るカ
ルシウムや、味覚を正常に保つ亜鉛、貧血
を予防する鉄分などがあります。

副菜

副菜を毎日作れなかったとしても大丈夫。1週間単位でだいたいの栄養がとれていればOKと考えましょう。

【献立例】

ごはん、野菜たっぷり! 定番ハンバーグ(P.22参照)、にんじんしりしり(P.124参照)、かぼちゃのポタージュ(P.139参照)

主菜

メインとなるおかずです。肉や魚などのたんぱく質がしっかりとれるメニューを選びましょう。

主食

ごはんを中心に、パン、うどんなど、変化をつけると飽きずに食べられ、子どもの食への興味が増します。

汁もの

スープやみそ汁などには、野菜を多くとれるものもあります。野菜不足が気になったときにおすすめです。

基本は1汁2菜
彩りを意識すると食欲アップ!

主食のごはんに、主菜となる肉や魚などのおかず、野菜が中心の副菜、汁ものといった1汁2菜を基本とすると、自然と必要な栄養素をバランス良くとることができます。主食の中に、たんぱく質やビタミン、ミネラルといった栄養素がバランス良く含まれる場合は、副菜や汁ものを準備できない日があっても大丈夫。赤、緑、黄色といった彩りを意識すると、食卓が華やかになり、子どもの食べる意欲も高まります。

Q & A

Q 味つけのポイントは?

A ソースやトマトケチャップは使う量に注意

薄味での調理が基本ですが、味のバリエーションを広げるために、離乳食後期頃から少量のソースやトマトケチャップを使ってもOKです。幼児期からはさらに使える調味料が増えますが(P.15参照)、基本は薄味を心がけましょう。

Q 生ものはいつから食べていいの?

A 3歳を過ぎたら少しずつチャレンジ

かみつぶせるものから徐々に挑戦していきましょう。ただし、きちんと手洗いをしてから調理をし、できるだけ新鮮で、適切に保存をしている食材を使うようにしましょう。食中毒などにも充分注意が必要です。

Q 香辛料やスパイスは使っていい?

A 辛いものは幼児期を過ぎてからがベター

幼児の味覚は敏感なうえ、香辛料やスパイスは刺激が強すぎて胃腸に負担をかけるので避けましょう。カレーパウダーを使って味つけをする場合は、甘口タイプなど、低刺激のものを選びましょう。

幼児期に気をつけたい 食品リスト

離乳食の頃よりも食べられるものが格段に増えますが、まだまだ気をつけなければいけない食材もあります。幼児食前期（1歳半〜2歳頃）と後期（3歳〜5歳頃）にわけて、注意が必要な食材をまとめました。

記号の見方

○ その時期に合った形や固さに調理し、適量なら与えてよい食品。
△ 注意が必要な食品。与える場合は様子を見ながら慎重に与える。
× まだ与えないほうがよい食品。

※○△×はあくまでも目安です。子どもの成長に合わせて食材を選びましょう。

※本表は、「教育・保育施設等における事故防止及び事故発生時の対応のためのガイドライン」（こども家庭庁）などをもとに編集部で作成しました。

米・そば・パン他

	1歳半〜2歳	3歳〜5歳	
赤飯・おこわ	△	○	もちもちしていて、かむのに力がいるので、奥歯が生える前は避けたほうがベター。
玄米・雑穀	△	△	白米よりも消化吸収率が悪いので、与えるときは柔らかめに炊く。3歳頃から与えるのがおすすめ。
もち	×	△	のどに詰まらせ窒息する危険があるので、3歳頃からが目安。食べさせるときは、小さく切って与え、大人が必ず見守る。
そば	△	○	食物アレルギーで重い症状が出やすいので、離乳完了期頃から与えるのが目安。最初は少量ずつ様子を見ながら与え、徐々に量を増やして慣らしていく。
胚芽米・胚芽パン	△	○	白米よりも消化吸収率が悪いので、1歳代はごく少量を食べさせる程度にするのがベター。
ベーグル	×	△	もちもちしていて、かむのに力がいるので、かみ合わせがしっかりする前は避ける。
春雨	○	○	誤えん防止のため、食べやすい長さに切って与える。
ビーフン	○	○	誤えん防止のため、湯で柔らかく戻し、食べやすい長さに切って与える。
干しいも	△	○	かむのに力がいるので、奥歯が生える前は避ける。
山いも	○	○	生をすりおろしたものは、口のまわりにつくと、かゆくなる子どもも。加熱したものを与える。

野菜・果物他

	1歳半〜2歳	3歳〜5歳	
きのこ類	○	○	繊維が多く、かみきりにくいので、小さく切って与える。
キムチ	×	△	塩分が多く刺激が強いので、積極的には与えない。食べさせるならよく水洗いを。
切り干し大根	△	○	1歳代は柔らかく煮て、細かく刻んで与える。
こんにゃく・しらたき	△	○	誤えん防止のため、奥歯が生えてからにし、食べやすいように小さく切って与える。
しょうが	△	△	刺激が強いのでごく少量から、料理の風味づけに使う。
たけのこ	△	○	繊維が多いので、1歳代は避ける。柔らかい部位を食べやすいように刻んで与える。
漬け物	△	△	塩分が多いので、積極的には与えない。食べさせるなら少量に。
生野菜	△	○	奥歯が生える時期（1歳半頃）より前は、繊維をすりつぶせないのでゆでて柔らかくして与える。
にんにく	△	△	刺激が強いのでごく少量から、料理の風味づけに使う。
干ししいたけ	△	○	奥歯が生える前は、繊維をすりつぶせないので避ける。戻し汁は1歳代から与えてよい。
ミニトマト	△	○	誤えん防止のため、小さく切って与える。できれば皮は湯むきする。
わかめ	○	○	誤えん防止のため、必ず小さく刻んで与える。
味つけのり	△	△	塩分が多いので、積極的には与えない。与えるときは、上あごにくっつかないよう小さくちぎる。
アボカド	○	○	カリウムやビタミンが豊富で栄養価が高いが、脂肪分が多いので、少量から与える。
缶詰のフルーツ	△	○	糖分が多いので、与えすぎに注意する。
ピーナッツ	×	△	誤えんやアレルギー症状が出るおそれも。与える場合は、3歳以降すりつぶしたものを様子を見ながら与える。

肉・魚加工品他	1歳半～2歳	3歳～5歳	
ベーコン・ハム	△	○	塩分が多いので、与えすぎには注意が必要。
あさり	△	○	加熱したものを与える。かみきりにくいので、小さく刻んで与える。
いか・たこ	△	○	かみきりにくいので、奥歯が生えてしっかりかめるようになってから加熱して与える。与えるときは、すり身にしたり、包丁で細かい切り目を入れたりして食べやすく工夫する。
たらこ	△	△	塩分が多いので、与える場合は加熱してほぐしたものを少量から与える。
うに	✕	△	塩分が多く、食中毒のおそれもあるので、積極的には与えない。与える場合は、3歳以降、加熱済みのものを少量から与えるのがベター。
かまぼこ	△	○	塩分や添加物が含まれ、弾力が強いので少量から与える。
刺身	✕	△	消化機能やかむ力が育ってきた3歳頃からが目安。与える場合は、鮮度のよい柔らかいものを少量から与えて様子を見る。
ちくわ	△	○	塩分が多いので、与えすぎに注意する。
ひもの	△	△	塩分が多いので、積極的には与えない。
ほたて	△	○	2歳頃までは、生食は避けて加熱したものを与える。
生卵	✕	△	感染症の心配があるので、2歳までは完全に加熱したものを与える。3歳以降、半熟などからはじめて様子を見る。

調味料・その他	1歳半～2歳	3歳～5歳	
コンソメ	○	○	塩分が多いので、量に気をつける。幼児に与える場合は、添加物不使用タイプを使うのがおすすめ。
鶏がらスープの素	○	○	塩分が多いので、量に気をつける。幼児に与える場合は、添加物不使用タイプを使うのがおすすめ。
オイスターソース	△	○	塩分が多いので、使うときは少量に。
カレー粉	△	○	使うときは少量に。子どもは甘口タイプがおすすめ。
こしょう	△	△	料理の味を調える程度にする。刺激が強いので量に気をつける。
しょうゆ	○	○	味が濃く、塩分が多いので、量に気をつける。大豆アレルギーがある場合には注意する。
酢	△	△	酸味が強くなりすぎないように、使うときは少量に。
ソース	○	○	塩分が多いので、使うときは少量に。
豆板醤	✕	✕	辛みと刺激があるので、幼児食では避ける。
トマトケチャップ	○	○	塩分が多いので、使うときは少量に。
練りからし	✕	✕	辛みと刺激があり、チューブタイプは添加物も入っているので幼児食では避ける。
マヨネーズ	△	○	原料に卵が使われているので、1歳代までは少量から与える。または加熱して与える。
みそ	○	○	塩分が多いので、量に気をつける。
みりん・酒	○	○	アルコール分が含まれているので、必ず加熱し、アルコール分を飛ばして使う。
柚子こしょう	✕	✕	塩気と唐辛子の刺激があるので、幼児食では避ける。
わさび	✕	✕	辛みと刺激があり、チューブタイプは添加物も入っているので幼児食では避ける。
ウーロン茶	△	△	カフェインを含むので水で薄めて、少量を飲ませる。
はちみつ	△	○	食中毒のおそれがあるので、1歳未満児には絶対与えない。1歳以降は、少量ずつ与えて様子を見る。
コーヒー	✕	✕	カフェインを含むので、幼児食では避ける。
コーヒー牛乳	✕	△	微量のカフェインを含み糖分も多いので、幼児食では無理に与えなくてもよい。
ココア	△	△	加糖タイプではなく、無糖タイプを少量から与える。
炭酸飲料	✕	△	炭酸の刺激が強く、糖分を多く含むものが多いので、幼児食では無理に与えなくてもよい。
乳酸菌飲料	△	△	糖分、乳脂肪分を多く含むものが多いので、幼児食では無理に与えなくてもよい。
飲むヨーグルト	△	△	糖分が多いので、幼児食では無理に与えなくてもよい。与える際は子ども用や無糖タイプを選ぶ。
緑茶	△	△	カフェインを含むので水で薄めて、少量を飲ませる。

用意する道具

基本の調理道具の他、幼児食を作るときに便利な道具を紹介。
離乳食作りで使っていた一部の道具をそのまま使用することもできます。

料理を作るときのアイテム

ミキサー
または
ブレンダー

ゆでた食材をなめらかなペースト状にするのに使用。手早くすりつぶせるのであると便利。

マッシャー

裏ごしするよりも粗めにつぶしたいときはマッシャーが活躍。主にいも類をつぶすときにあると便利です。

計量スプーン

水分・調味料の計量に。本書では小さじと大さじを使用。

計量カップ

スープを作るときなど、計量スプーンよりも多めの液体を量るときに使用します。

キッチンバサミ

めん類を細かく切るときや、鶏肉の皮をとり除くときなどにあると重宝します。分解して洗えるタイプを選ぶと衛生的。

泡立て器

材料を混ぜるときに使う調理器具。手動用のものと電動式がありますが、本書のレシピでは手動用のものがあれば大丈夫です。

スケール

おおよその目安量を把握するのにひとつあると便利。

オーブンシート

オーブンでお肉やお菓子を焼く際に、天板に敷いて使用します。

ピーラー

にんじんや大根、なすなど、野菜の皮をむくときに使用。包丁を使ってもOK。

おろし器

ゆでた野菜などをすりおろすときに。目の粗さによって仕上がりが変わるので、細かめのものを用意するのがおすすめです。

型

主におやつなどを作るときに使用。可愛い型を使えば、子どもの食べたい気持ちもアップします。

フライパン・鍋・
卵焼き器

フライパン・鍋・卵焼き器があれば、本書の親子ごはんのほとんどを作ることができます。鍋は小鍋と大きめの鍋の2種類を使っています。

ポリ袋

ボウルの代わりに材料を入れ、混ぜ合わせるときなどに使用。手を汚さず、洗い物を減らすことができる便利なアイテム。

保存するときのアイテム

耐熱密封容器

耐熱製の密封容器は、作りおきに大活躍。そのままフリージングすることもでき、食べるときはフタをしたまま電子レンジで温められます。事前の煮沸消毒もしやすく、ガラス製のおしゃれなものならそのまま食卓に出せるのもうれしいポイント。いくつかのサイズを常備しておきましょう。

密封保存袋

ラップとあわせて、固形のものを冷凍保存するときに使用します（ただしレンジで直接加熱することができない密封保存袋もあるのでご注意ください）。清潔なものを使用し、使いきりにするのがおすすめです。密封保存袋に作った日付を書いておくと、食べきる際の目安にもなります。

ラップ

固形のものを冷凍するときは、1食分（または1つ）ずつラップで包み、密封袋に入れて保存しましょう。また、電子レンジで解凍する際に、容器にかぶせて使うことも。小さめのものを用意すると便利です。

あると便利な調味料

コンソメ

洋風の味に仕上げるときに役立つコンソメ。子どもも安心して食べられるよう、香料・着色料を使用していない無添加のものがおすすめです。

鶏がらスープの素

中華風の味つけに欠かせない鶏がらスープの素も、少量なら子ども用に使用してOK。こちらも香料・着色料不使用の無添加のものを選びます。

味つけ
カレーパウダー（甘口）

幼児食では、カレー風味の料理も食べられます。ただし本格的なスパイスはまだ刺激が強すぎるので、子ども用を作るときは、甘口タイプを選びましょう。

豆板醤（大人用）

大人用の味つけに使用。辛みと塩味が強く、薄味ベースのごはんに「ちょい足し」するだけで、一気に刺激的な味わいに大変身します。

コチュジャン（大人用）

大人用の「ちょい足し」調味料として大活躍。マイルドな辛みが特徴なので、辛いものがちょっと苦手な大人もおいしくいただけます。

カイエンペッパー（大人用）

唐辛子をもとにした香辛料で、大人用のメニューのアクセントに。ヤミツキになる辛さで、食欲がないときにも箸が進みます。

フリージングの基本

料理を保存する前に、覚えておきたい冷凍・解凍のポイントをご紹介します。
本書のレシピはフリージングできるものが多いので、
正しい方法でとり入れて、毎日の生活に役立ててください。

冷凍のポイント

粗熱をとってから冷凍する

耐熱密封容器に入れてすぐ、熱い状態でフタをするのはNG。フタの内側に水滴がついて温度が下がる過程で雑菌が増殖してしまうこともあります。必ず粗熱をとってから密封・フリージングをしましょう。

1食分ずつ小わけにして冷凍する

1食分ずつラップに包んだ状態でフリージングをすることで、食べるときに1食分ずつ解凍することができます。解凍した料理を再度フリージング・保存するのは避けてください。

汁気のあるものは密封できる容器に入れる

汁気があるものはしっかりとフタができる耐熱密封容器に入れてフリージングし、料理を乾燥から守ります。解凍時はフタをずらしてレンジに入れ、蒸気を逃がしながら加熱しましょう。

下味冷凍は空気を抜いてから冷凍する

食材に下味をつけて冷凍する際は、できるだけ空気を遮断するのがおいしく保存する決め手。密封保存袋から手で押し出すようにして、しっかりと空気を抜いてフリージングしましょう。

フリージングの大原則

- フリージングした料理は1～2週間を目安に食べきる
- 自然解凍はせず、必ず食べる前に電子レンジで加熱する
- 食品を入れる保存容器はよく洗い、煮沸消毒などを行って除菌を心がける

解凍のポイント

1 加熱は短めにして少しずつ追加する

特に子ども用は予想以上に火が通りすぎて固くなってしまったり、アツアツになりすぎてしまうことを避けるため、加熱時間は短めに設定し、温め足りないと感じたら10～20秒ずつ追加するようにします。

2 フライや唐揚げはトースターでカリッと!

揚げ物は電子レンジで温めるだけだと、シナッとした食感になってしまいます。よりおいしくいただくためには、レンジで温めた後、さらにオーブントースターで焼くと揚げたての食感に。

3 ひと品ずつ解凍する

「同じくらいの温め時間だから」といって、複数の料理を一気に電子レンジに入れて温めると、料理によって温まり具合に差が出てしまいます。料理ごとにわけて、ひと品ずつ解凍しましょう。

4 スープ類は加熱の途中で一度混ぜる

スープ類をフリージングから解凍する際は、熱の通り具合を均一にするために、途中で一度電子レンジを止め、いったんかき混ぜて、再度加熱するのがおすすめ。ムラなく温めることがポイントです。

この本の使い方

P.21からはじまるレシピページの見方をご紹介します。目的別にさまざまな使い方ができるので、ぜひ活用してください。

下準備

食材のアク抜きや臭みとり、食材の切り方などは「下準備」の工程にまとめています。

作り方

作り方は全工程写真つき！料理が苦手な人でも、写真を見ながらかんたんに作ることができます。

とりわけマーク

大人用と子ども用で、調理がわかれる工程に入るマークです。

コメント

料理をよりおいしく作るポイントや、幼児食で注意したい調理のポイントなどを解説しています。

インデックス

そのページの料理カテゴリーと料理で使われている主な食材を記載しています。料理を決めるときの参考にしてください。

完成写真

特に記載がない場合、大人と子ども1食分ずつの完成写真になります。なお、完成写真内の一部の野菜などは、レシピの材料や工程に含まれません。

献立例

そのページで紹介している料理を使った、子ども用の献立例です。そのままマネするだけで、うたまるごはんおすすめの献立を作ることができます。

本 書 の 注 意 点

調理・保存について

●本書の子どもの調理方法や1食分の食事量は、幼児食前期（1歳半〜2歳頃）からを目安にしています。お子さまの成長や好みに合わせ、量や味つけは調整してください。また、誤えんなどを起こさないよう、お子さまの咀嚼機能に合わせて、必要に応じてキッチンバサミなどで料理をカットしてから与えましょう。

●本書のレシピは大人用、子ども用ともに複数食分になっていますので、調理前に食数分の器や皿をご準備ください。

●本書で掲載している献立例はあくまで参考として、前後の食事のバランスを踏まえ、組み合わせや量は適宜調節してください。

●計量単位は、大さじ1＝15ml、小さじ1＝5ml、1合＝180ml（約150g）です。

●ひとつまみは、片手の指3本でつまんだ量（小さじ1/5〜1/4程度）、少々は、片手の指2本でつまんだ量（小さじ1/8程度）、少量は2〜3滴が目安です。

●食材について特に記載のないものは、卵は鶏卵のM玉、野菜類は中サイズを基本としています。

●調味料について特に記載のないものは、砂糖は白砂糖、みそはお好みのみそ、バターは有塩バターを使用しています。コンソメ、鶏がらスープの素は無添加タイプのものを使用しています。

●火加減について特に記載のないものは中火です。

●炊き込みごはんなどの調理で使用している炊飯器は5.5合炊きです。炊飯器の容量や機種によっては、水があふれてしまうおそれがあるのでご注意ください。

●スムージーなどの調理には氷対応のミキサーを使用しています。

●各レシピの完成写真に添えられている一部の野菜などは、料理の彩りを増すためのもので、レシピの材料や工程には含みません。お好みで添えてください。また、材料で適宜と記載してあるものは、お好みで加えても加えなくてもいい食材です。

●レシピの工程は、特に記載がない場合、基本的には食材の皮をむく、ヘタや種、芯や筋をとり除く工程を省略しています。

●幼児の食べられる量や固さは個人差があります。本書に記載の量そのままに与えようとせず、その子どもに合ったペースで進めましょう。

●作りおきをする際は各レシピに記載の保存・解凍方法を守り、冷凍の場合は1〜2週間、冷蔵の場合は1〜2日を目安に食べきりましょう。なるべく早く食べきると記載のあるものは当日中を目処にお召し上がりください。

加熱方法について

●加熱時間は、電子レンジやオーブン、オーブントースターの機種によって異なります。本に記載の加熱時間は目安とし、少ない時間からはじめて様子を見ましょう。

●本書では、600Wの電子レンジを使用しています。500Wの場合は1.2倍、700Wの場合は0.8倍を目安とし、加熱時の様子を見て加熱時間を調節しましょう。なお、電子レンジで加熱する際は耐熱性の容器を使用してください。

●液体を電子レンジで加熱する際は、突然沸騰する（突沸現象）可能性があります。やけどのおそれがあるのでご注意ください。

Part 1

定番から変わり種まで

親子で食べられる

主役級おかず

お肉やお魚を使った、献立の主役級おかずの作り方をご紹介!

ハンバーグや鶏の唐揚げといった

子どもが大好きな定番おかずはもちろん、

ユーリンチー
油淋鶏やプルコギといった幼児がいる家庭では避けがちなメニューも、

とりわけて作れば親子いっしょにおいしく食べることができます。

野菜が苦手な
子どもでも
パクパク
食べられる！

おすすめ献立例

P.22
野菜たっぷり！
定番ハンバーグ

P.121
カリカリポテト

ごはん

P.138
コーン
ポタージュ

保存方法 ハンバーグは、ソースをかける前に1食分ずつラップに包んで
冷凍する。大人用ソースは器に盛り、ラップをかけて冷蔵する。

食べるとき **子ども用：**ハンバーグは、600Wの電子レンジで1分ほど加
熱する。冷たかったら10〜20秒ずつ加熱を追加。
大人用：ハンバーグは、600Wの電子レンジで2分〜2分
30秒加熱する。冷たかったら10〜20秒ずつ加熱を追加。
大人用ソースは600Wの電子レンジで10〜20秒加熱し、
ハンバーグにかける。

野菜はすべてみじん切りにしてタネ
の中に混ぜ込んでいるので、野菜が
苦手なお子さまでも食べやすくなっ
ています。

野菜たっぷり！定番ハンバーグ

材料 （大人2食分＋子ども4食分）

牛豚合いびき肉 … 300g
玉ねぎ … 1/2 個（100g）
にんじん … 1/3 本（50g）
ピーマン … 1個（35g）
しいたけ … 1個（20g）
A パン粉 … 大さじ 3
 牛乳 … 大さじ 3
 卵（または豆腐 50g でも可）… 1個
 コンソメ（顆粒）… 小さじ 1/2
 塩 … 小さじ 1/2
 トマトケチャップ … 小さじ 2
ごま油 … 適量

大人用ソース

赤ワイン（または酒でも可）… 大さじ 2
トマトケチャップ … 大さじ 2
中濃ソース（またはウスターソースでも可）… 大さじ 1
しょうゆ … 大さじ 1
砂糖 … 大さじ 1

子ども用ソース

トマトケチャップ … 適宜

下準備

玉ねぎ、にんじん、ピーマン、しいたけはみじん切りにする。

作り方

① フライパンにごま油をひいて火にかけ、下準備をした食材を入れてしんなりするまで炒め、粗熱をとる。

② ボウルにひき肉、①、**A**を入れてよくこね、子ども用に1個60gほど×4個、大人用は残りを2等分して、それぞれ空気を抜きつつ成形する。

③ ①のフライパンをきれいにし、ごま油をひいて火にかけ、真ん中をくぼませた②を並べて火にかける。

ココでとりわけ！

④ 両面に焼き色がついたら1/3ほどの高さまで水（分量外）を入れ、フタをして弱めの中火で蒸し焼きにする。ハンバーグの真ん中をくし等で刺し、肉汁が透明になって中まで火が通ったことを確認したら、大人用と子ども用を皿に盛る。

⑤ ④のフライパンに**大人用ソース**の材料を入れて火にかけ、少しとろみがつくまで煮詰めて大人用ハンバーグにかける。子ども用はお好みでトマトケチャップをかける。

🍴 和風あんかけ豆腐ハンバーグ

豆腐入りで
ふわふわ!
小さな子ども
でも食べやすい

材料 (大人2〜3食分+子ども2食分)

A 牛豚合いびき肉 … 300g
　木綿豆腐 … 1/2丁 (160g)
　玉ねぎ … 1/2個 (100g)
　コンソメ (顆粒) … 小さじ1
　パン粉 … 大さじ4
　しょうゆ … 小さじ1
しめじ … 1パック (100g)
B めんつゆ (3倍濃縮) … 大さじ2
　水 … 200ml
水溶き片栗粉 … 片栗粉小さじ2+水大さじ2
米油 (またはサラダ油でも可) … 適量

追加調味料
めんつゆ … 大さじ1と1/2

下準備

1 玉ねぎはみじん切りにする。
2 しめじは石づきをとり、ほぐす。

作り方

①ボウルにAの材料をすべて入れてよくこねる。

②①を10等分してタネの空気を抜きつつ、真ん中をくぼませ、丸く成形する。米油をひいたフライパンに並べて火にかける。

③両面に焼き色がついたら、フライパンの余分な油をキッチンペーパーでふきとり、ハンバーグを端に寄せる。

④③にしめじとBを入れ、沸騰したらフタをして弱火で4分ほど蒸し焼きにする。

ココで
とりわけ!

⑤中まで火が通ったことを確認したら、水溶き片栗粉でとろみをつけ、子ども用1個×2食分とあんかけ適量をとりわける。子ども用のしめじはキッチンバサミで1cm幅に切る。

⑥大人用2〜3食分は、⑤の残りにめんつゆを入れて混ぜ合わせて皿に盛る。

保存方法 1食分ずつ耐熱密封容器に入れて冷蔵する。

食べるとき **子ども用:** 600Wの電子レンジで40〜50秒加熱する。冷たかったら10〜20秒ずつ加熱を追加。
大人用: 600Wの電子レンジで1分30秒〜2分加熱する。冷たかったら10〜20秒ずつ加熱を追加。

おすすめ献立例

(P.24)
和風あんかけ
豆腐ハンバーグ

(P.122)
レンジで
かぼちゃの煮物

ごはん

(P.141)
ほうれん草の
すまし汁

フライパンは直径28cmのものを使用しています。小さいフライパンだと一度に焼けない場合があるので、大きめのものを使うのがおすすめです。

🍴 かんたんトマト煮込みハンバーグ

ごはんともパンとも相性抜群！フライパンで手軽にできる

材料（大人2食分＋子ども3食分）

ハンバーグのタネ

牛豚合いびき肉 … 320g
玉ねぎ … 1/2 個（100g）
卵（または豆腐50gでも可）… 1個
パン粉 … 大さじ3
牛乳（または豆乳でも可）… 大さじ3
コンソメ（顆粒）… 小さじ1
塩 … 小さじ1/2
玉ねぎ … 1/2 個（100g）
しめじ … 1/2 パック（50g）
米油（またはサラダ油でも可）… 適量

トマトソース

カットトマト（缶詰）… 1缶（400g）
トマトケチャップ・ウスターソース・砂糖 … 各大さじ1
コンソメ（顆粒）… 小さじ1

追加調味料

トマトケチャップ・ウスターソース … 各大さじ1/2
砂糖 … 小さじ1
にんにく（チューブ）… 2cm

下準備

1　ハンバーグのタネ用の玉ねぎ1/2個はみじん切りにし、残りの玉ねぎ1/2個は薄切りにする。

2　しめじは石づきを落として、ほぐす。

作り方

① ボウルに**ハンバーグのタネ**の材料を入れて粘り気が出るまでこね、子ども用1個25gほど×6個、大人用は残りを4等分して、それぞれ空気を抜きつつ成形する。

② フライパンに米油をひいて火にかけ、真ん中をくぼませた①を並べて両面焼く。

③ 両面に焼き色がついたらハンバーグを端に寄せ、ソース用の玉ねぎ、しめじを入れてしんなりするまで炒める。

④ ③に**トマトソース**の材料（カットトマトは汁ごと）を加え、グツグツしてきたらフタをして、弱火で3分ほど煮込む。ハンバーグをひっくり返し再度3分ほど煮込む。

ココでとりわけ！

⑤ 子ども用のハンバーグ2個×3食分とソース適量をとりわけ、子ども用のしめじはキッチンバサミで1cm幅に切る。

⑥ 大人用2食分は、残りの⑤に**追加調味料**を加え、中火にして2分ほど加熱して皿に盛り、ソースを適量ずつかける。

おすすめ献立例

P.25 かんたんトマト煮込みハンバーグ

P.125 にんじんのハニーバター

ごはん

P.141 わかめスープ

🍴 ねぎ塩れんこんつくね

材料（大人2食分＋子ども2食分）

鶏ひき肉 … 300g
れんこん … 80g
長ねぎ … 1/2 本（50g）
しいたけ … 2 個（40g）
A 片栗粉 … 大さじ 1 と 1/2
　　ごま油 … 小さじ 1
　　鶏がらスープの素（顆粒）… 小さじ 1
　　塩 … ひとつまみ
　　しょうゆ … 小さじ 1
ごま油 … 適量

追加調味料

塩・こしょう … 各少々
柚子こしょう … 適宜

下準備

1　れんこんは粗みじん切りにし、酢水（分量外・水500mlに対し酢大さじ1が目安）に5分ほど浸けて水気を切る。
2　長ねぎ、しいたけはみじん切りにする。

> ごはんがすすむ
> ねぎ塩味。
> 大人用はお酒の
> おともにも♪

作り方

① ポリ袋にひき肉、下準備した材料、**A**を入れて、袋の上からもんでよく混ぜる。

② フライパンにごま油をひいて火にかけ、①のポリ袋の端をハサミで切り、タネ（1個22gほどが目安）をフライパンにしぼり出し、平らに整えて焼く。

③ 焼き目がついたらひっくり返し、つくねが半分ほど浸かるくらいの水（分量外）を入れ、フタをして弱めの中火にして蒸し焼きにする。

ココで
とりわけ！

④ 水分がなくなり、中まで火が通ったことを確認したら、子ども用3個×2食分をとりわけ、大人用2食分は、残りに**追加調味料**をふって皿に盛り、お好みで柚子こしょうを添える。

保存方法　1食分ずつラップに包んで冷凍する。

食べるとき　**子ども用：**600Wの電子レンジで40〜50秒加熱する。冷たかったら10〜20秒ずつ加熱を追加。
　大人用：600Wの電子レンジで1分30秒ほど加熱する。冷たかったら10〜20秒ずつ加熱を追加。

おすすめ献立例

P.26 ねぎ塩れんこんつくね
P.134 和風しいたけマヨ
ごはん
P.141 もやしスープ

シャキとろ! 絶品長いもつくね

主役級おかず　親子で食べられる

ひき肉

材料 (大人2～3食分+子ども2食分)

鶏ひき肉 … 300g
長いも … 1/5 本 (80g)
しいたけ … 2個 (40g)
長ねぎ … 1/2 本 (50g)
A しょうゆ … 小さじ1
　鶏がらスープの素 (顆粒) … 小さじ1/2
　ごま油 … 小さじ1
　片栗粉 … 大さじ1と1/2
B しょうゆ … 小さじ2
　酒 … 大さじ1
　みりん … 大さじ1
　砂糖 … 小さじ1
ごま油 … 適量
小ねぎ … 適宜

追加調味料
しょうゆ … 大さじ1
みりん … 大さじ1
砂糖 … 小さじ1

下準備

長いもは0.5cmの角切り、しいたけ、長ねぎはみじん切りにする。

> 長いもの
> シャキとろ食感が
> アクセント!
> お弁当にも◎

作り方

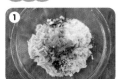

1 ボウルに下準備した材料とひき肉、**A**を入れてよくこねる。

2 フライパンにごま油をひいて火にかけ、楕円形 (1個28gほどが目安) に成形したつくねを並べて焼く。

3 片面に焼き目がついたらひっくり返し、弱火にして中まで火が通ったことを確認したら**B**を加え、ときどきひっくり返しながら照りがつくまで煮詰める。

ココでとりわけ!

4 子ども用2個×2食分をとりわける。大人用2～3食分は、残りに**追加調味料**を入れて煮詰めて皿に盛り、お好みで小口切りにした小ねぎを散らす。

保存方法 1食分ずつラップに包んで冷凍する。

食べるとき **子ども用:**600Wの電子レンジで40～50秒加熱する。冷たかったら10～20秒ずつ加熱を追加。
大人用:600Wの電子レンジで1分～1分30秒加熱する。冷たかったら10～20秒ずつ加熱を追加。

おすすめ献立例

P.27 シャキとろ! 絶品長いもつくね
P.134 きんぴらごぼう
ごはん
P.143 じゃがいもと玉ねぎのみそ汁

> タネを成形するときは、手を水で濡らすと扱いやすくなります。またお肉を子ども用にとりわけるときは、中に火が通ったことをしっかり確認しましょう。

🍴 カリカリふわふわ豆腐ナゲット

材料 （大人2〜3食分＋子ども2食分）

A 鶏ひき肉 … 300g
　木綿豆腐 … 1/6丁（50g）
　薄力粉 … 大さじ3
　片栗粉 … 大さじ2
　マヨネーズ … 大さじ1
　コンソメ（顆粒） … 小さじ1
　しょうゆ … 小さじ1
米油（またはサラダ油でも可） … 適量

追加調味料

トマトケチャップ … 適宜
マヨネーズ … 適宜

豆腐入りで
外はカリッと
中はふんわり。
作りおきに最適

作り方

ボウルにAを入れてよくこねる。

フライパンに米油を底から0.3cmほどの高さまで入れて熱し、大さじを使って①のタネを1個20gほどずつ落とし入れ、フォークで平らに整える。

焼き目がついたらひっくり返して両面を揚げ焼きにする。中まで火が通ったことを確認したら、バットなどにあげて油を切る。

ココでとりわけ！

子ども用2個×2食分、大人用2〜3食分をそれぞれとりわけて皿に盛り、大人用にはお好みで**追加調味料**を添える。

保存方法 1食分ずつラップに包んで冷凍する。

食べるとき **子ども用**：600Wの電子レンジで30秒ほど加熱後、オーブントースターで2〜3分焼く。
大人用：600Wの電子レンジで40〜50秒加熱後、オーブントースターで2〜3分焼く。

おすすめ献立例

P.28 カリカリふわふわ豆腐ナゲット

P.128 ほうれん草としらすのお浸し

ごはん

P.142 さつまいものみそ汁

大人用は、粒マスタードをつけてもおいしいですよ！

🍴 鶏つくねの塩ちゃんこ鍋

ひと品でお肉と
野菜が同時に
とれるのが
うれしい

材料 （大人2食分+子ども2食分）

白菜 … 1/8 株（250g）
長ねぎ … 1本（100g）
にんじん … 1/2 本（75g）
しめじ … 3/5 パック（60g）

鶏つくね

鶏ひき肉 … 240g
長ねぎ … 1/2 本（50g）
酒 … 小さじ 1
鶏がらスープの素（顆粒）… 小さじ 1
しょうゆ … 小さじ 1
しょうが（チューブ）… 2cm
片栗粉 … 大さじ 1

つゆ

水 … 600ml
酒 … 大さじ 2
みりん … 大さじ 1
鶏がらスープの素（顆粒）… 小さじ 2
塩 … 小さじ 1/2
ごま油 … 小さじ 1

追加調味料

塩 … 適宜
しょうゆ … 適宜

下準備

1 白菜は4cm角に切る。
2 具材用の長ねぎ1本は斜め薄切り、鶏つくね用の長ねぎ1/2本は
　みじん切りにする。
3 にんじんは4cm長さの細切り、しめじは石づきを落としてほぐす。

作り方

ボウルに**鶏つくね**の材料を入れ
てよくこねる。

つゆの材料を鍋に入れて中火
にかけ、沸騰したら①をスプーン
2本で丸くしながら鍋に入れ、
2分ほど煮込む。

ココで
とりわけ！

つくねの色が変わってきたら残り
の具材を入れてフタをし、野菜が
しんなりするまで煮込む。子ども
用に鍋の具とつゆを1/6ほど×
2食分をとりわける。残りの大人
用2食分は、お好みで**追加調味
料**を加える。

子ども用はしめじをキッチンバ
サミで1cm幅に切りつつ、その
他の具材も食べやすい大きさに
切る。

保存方法 1食分ずつ耐熱密封容器に入れて冷蔵する。

食べるとき **子ども用：**600Wの電子レンジで1分ほど加熱する。冷たかったら10
〜20秒ずつ加熱を追加。
大人用：600Wの電子レンジで2分〜2分30秒加熱する。冷たかった
ら10〜20秒ずつ加熱を追加。

おすすめ献立例

P.29
鶏つくねの
塩ちゃんこ鍋

ごはん
（またはうどん）

野菜は、お子さまの成長に合わせた
大きさにカットしましょう。とりわけ
た後、仕上げにハサミでカットすれば
OK。汁は塩分量が多いので、飲ま
せすぎには気をつけましょう。

おいもたっぷり！ スコップコロッケ

材料 （大人2食分+子ども4食分）

豚ひき肉 … 200g
じゃがいも … 4個（600g）
玉ねぎ … 1/2個（100g）
塩 … ひとつまみ
A パン粉 … 30g
　│ サラダ油 … 大さじ1
B コンソメ（顆粒）… 小さじ1
　│ 砂糖 … 小さじ1
　│ ウスターソース … 小さじ2
牛乳 … 大さじ2
サラダ油 … 適量

追加調味料
中濃ソース … 適宜

下準備

1 じゃがいもは3cmの角切りにし、耐熱ボウルに入れて水にさらす。
2 玉ねぎはみじん切りにする。
3 ボウルに**A**を入れてなじませる。

作り方

1 じゃがいもは軽く水気を切り、ふんわりとラップをして600Wの電子レンジで7分ほど加熱してつぶす（固い場合は20〜30秒ずつ追加で加熱する）。

2 フライパンにサラダ油をひいて火にかけ、ひき肉、玉ねぎ、塩を入れて肉の色が変わるまで炒める。

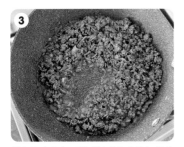

3 ②に**B**を入れて味がなじむように炒め合わせる。

4 ③に①と牛乳を入れて混ぜ合わせる。

> ココでとりわけ！

5 耐熱容器に④を均一に敷きつめ、下準備した**A**をのせてオーブントースターで焼き目がつくまで焼く。子ども用80gほど×4食分をとりわけ、大人用2食分は残りをそれぞれ器に盛り、大人用はお好みでソースをかける。

※⑤の耐熱容器は縦15cm×横19cm、深さ4cmのものを使用しています。

成形しないから
手軽にできて
見た目も
おしゃれ♪

保存方法 1食分ずつラップに包んで冷凍する。

食べるとき **子ども用:**600Wの電子レンジで40秒ほど加熱する。冷たかったら10
〜20秒ずつ加熱を追加。

大人用:600Wの電子レンジで1分30秒ほど加熱する。冷たかったら
10〜20秒ずつ加熱を追加。

おすすめ献立例

P.30
おいもたっぷり!
スコップコロッケ

P.132
ブロッコリーと
しらすの
おかか和え

ごはん

P.142
豆腐とわかめの
みそ汁

甘酢あんの**ミートボール**

ひと口サイズで食べやすくほどよい酸味でさっぱり!

保存方法 1食分ずつラップに包んで冷凍する。

食べるとき **子ども用:**600Wの電子レンジで40秒ほど加熱する。冷たかったら10〜20秒ずつ加熱を追加。
大人用:600Wの電子レンジで1分20秒ほど加熱する。冷たかったら10〜20秒ずつ加熱を追加。

おすすめ献立例

P.32 甘酢あんのミートボール　　P.122 デリ風かぼちゃサラダ
ごはん　　P.141 わかめスープ

上の写真の手前の子ども用のミートボールは、1個を半分に切っています。誤えんなどが気になるときは、上のように1個をさらに小さく切って与えるのがおすすめです。

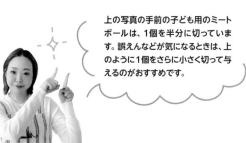

材料 (大人2食分+子ども2食分)

肉だね
豚ひき肉 … 240g
玉ねぎ … 1/2 個 (100g)
片栗粉 … 大さじ 1
トマトケチャップ … 小さじ 1
塩 … ひとつまみ

甘酢あん
水 … 100ml
トマトケチャップ … 大さじ 1と1/2
ウスターソース … 大さじ 1と1/2
砂糖 … 小さじ 2
酢 … 小さじ 2

薄力粉 … 小さじ 1
サラダ油 … 適量
ドライパセリ … 適宜

追加調味料
しょうゆ … 小さじ 1
砂糖 … 小さじ 1
塩 … ひとつまみ

下準備
玉ねぎはみじん切りにする。

作り方

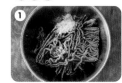

① ボウルに**肉だね**の材料を入れてよくこねる。

② フライパンにサラダ油をひき、①を1個20gほどずつ丸めて並べ、中火でころころ転がしながら焼き目をつける(この時点では中まで火を通さなくてOK)。

③ 余分な油をキッチンペーパーでふきとり、薄力粉をまぶす。

④ ③に**甘酢あん**の材料を入れて中火にかけ、ふつふつとしてきたらフタをして弱火で3分ほど蒸し焼きにする。

ココでとりわけ!

⑤ フタをとり、少し煮詰めてとろみがついたら子ども用3個×2食分をとりわけ、ミートボールを半分に切る。大人用2食分は、残りに**追加調味料**を加えて1〜2分煮詰めて絡ませる。それぞれお好みでパセリを散らす。

🍴 野菜たっぷり餃子

カリカリジューシー
子どもから
大人まで
大好きな味に

材料 (大人2食分+子ども4食分)

餃子の皮 … 32 枚
豚ひき肉 … 200g
キャベツ … 4 〜 5 枚 (230g)
ニラ … 2/5 束 (40g)
A にんにく (チューブ) … 3cm
　しょうが (チューブ) … 3cm
　しょうゆ … 小さじ 2
　酒 … 小さじ 2
　鶏がらスープの素 (顆粒) … 小さじ 1
　砂糖 … 小さじ 1/2
　ごま油 … 小さじ 1

ごま油 … 適量

追加調味料
しょうゆ … 適宜
ラー油 … 適宜
酢 … 適宜

下準備

キャベツはみじん切り、ニラは小口切りにする。

作り方

①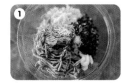

ボウルにキャベツ、ニラ、ひき肉、Aを入れてよくこねる。

②

餃子の皮に①を1個15gほどのせて包む。

保存方法 1食分ずつラップに包んで冷凍する。

食べるとき 子ども用：600Wの電子レンジで40秒ほど加熱する。冷たかったら10〜20秒ずつ加熱を追加。
大人用：600Wの電子レンジで1分20秒ほど加熱する。冷たかったら10〜20秒ずつ加熱を追加。

おすすめ献立例

P.33
野菜たっぷり餃子

ごはん

P.141
もやしスープ

③

フライパンにごま油をひいて②の餃子を並べ、中火で軽く焼き目がつくまで焼く。

④

餃子の半分の高さほどまで水 (分量外) を注ぎ、フタをして弱めの中火で中まで火が通るように蒸し焼きにする。

⑤

ココで
とりわけ!

水がなくなり底に焼き目がついたら、ひっくり返して皿にのせ、子ども用4個×4食分と残りの大人用2食分にわけてそれぞれ器に盛る。大人用はお好みで合わせた**追加調味料**をつける。

フライパンが小さく一度に焼けない場合は、数回にわけて焼いてください。一度にたくさん焼くときは、餃子で円を作るように丸く並べた後、中心に餃子を詰めるように置くときれいに仕上がります。

ささみのひと口カツ

ひと口サイズで
食べやすく
おやつ感覚で
食べられる♪

材料 （大人2食分+子ども2食分）

鶏ささみ … 6本 (300g)
塩 … 小さじ 1/2
A 薄力粉 … 大さじ 3
水 … 大さじ 2 と 1/2
塩 … ひとつまみ
鶏がらスープの素 （顆粒） … ひとつまみ
パン粉 … 適量
揚げ油 … 適量

追加調味料
中濃ソース … 適宜

下準備

鶏ささみは、1.5cm幅に切って塩をふり、下味をつける（筋はとり除かなくてOK）。

作り方

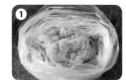

① ポリ袋に**A**を入れ、もんで混ぜる。

② ①に下準備した鶏ささみを入れ、全体になじませる。

③ ②にパン粉をまぶす。

④ フライパンの底から0.5cmほどの高さまで揚げ油を入れて火にかけ、③を入れて両面きつね色になるまで揚げ焼きにする。

⑤ 中まで火が通ったことを確認したらバットにあげて粗熱をとり、子ども用40gほど×2食分をとりわける。残りの大人用2食分はお好みでソースをかける。

ココでとりわけ！

保存方法 1食分ずつラップに包んで冷凍する。

食べるとき **子ども用：**600Wの電子レンジで30秒ほど加熱後、オーブントースターで2～3分焼く。
大人用：600Wの電子レンジで40～50秒加熱後、オーブントースターで2～3分焼く。

おすすめ献立例

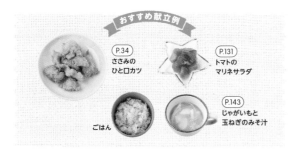

P.34 ささみのひと口カツ

P.131 トマトのマリネサラダ

ごはん

P.143 じゃがいもと玉ねぎのみそ汁

ささみののり巻きチキン

材料（大人2食分＋子ども2食分）

子ども用
鶏ささみ … 1と3/5本（80g）
A しょうゆ … 小さじ1/2
　│ 酒 … 小さじ1/2
　│ ごま油 … 少々
焼きのり … 適量
薄力粉 … 大さじ1

大人用
鶏ささみ … 4本（200g）
A しょうゆ … 小さじ2
　│ 酒 … 小さじ1
　│ ごま油 … 小さじ1/2
　│ 塩 … ふたつまみ
焼きのり … 適量
薄力粉 … 大さじ2

ごま油 … 大さじ1と1/2

パサつきがちな
ささみがしっとり
食べやすく変身！

下準備
子ども用と大人用の鶏ささみは2cm
幅の斜め切りにする。

作り方

① ココでとりわけ！
ポリ袋を2枚用意し、子ども用
と大人用にわけてそれぞれ鶏さ
さみと**A**を入れ、10分ほどおく。

②
その間にのりを2cm×10cmほ
どに、子ども用と大人用の鶏さ
さみの本数分カットする。

③
①に薄力粉をそれぞれまぶし、
1つずつのりを巻いていく。

④
フライパンにごま油をひき、の
りの切れ目を下にして③を子ども
用2食分、大人用2食分にわけ
て入れる。両面を焼き、中まで
火を通す。

保存方法 1食分ずつラップに包んで冷凍する。

食べるとき **子ども用：**600Wの電子レンジで40秒ほど加熱する。冷たかったら10
〜20秒ずつ加熱を追加。
大人用：600Wの電子レンジで1分20秒ほど加熱する。冷たかったら
10〜20秒ずつ加熱を追加。

おすすめ献立例

P.35 ささみの
のり巻きチキン

P.119 さつまいももち

ごはん

P.140 レタスと
春雨のスープ

大人用と子ども用がなるべく混ざら
ないように、わけて焼きましょう。ホ
イルなどで仕切りを作ることで、味移
りの心配を防げます。

🍴 ささみのチーズカツレツ

粉チーズ入りの衣
でおいしさアップ！
トマトソースで
さっぱり♪

材料 （大人2食分+子ども2食分）

鶏ささみ … 6本（300g）
A 薄力粉 … 大さじ3と1/2
　水 … 大さじ3と1/2
　粉チーズ … 小さじ2
　塩 … 少々
パン粉 … 適量

トマトソース
トマト … 1個（150g）
トマトケチャップ … 大さじ2
オリーブオイル … 小さじ1/2

米油（またはサラダ油でも可）… 大さじ3
粉チーズ … 適宜
ドライパセリ … 適宜

追加調味料
トマトケチャップ … 大さじ1
塩・こしょう … 各少々

下準備

1　鶏ささみは筋をとり除き、観音開きにして包丁の背でたたき、薄く平らにする。
2　トマトは0.5cm〜0.8cmの角切りにする。

作り方

①
ポリ袋に**A**を入れてもんで混ぜ、鶏ささみを加えて全体をなじませる。

②
バットなどにパン粉を広げ、①を入れてまんべんなくまぶす。

③
フライパンに米油をひき、②を並べて中火にかけ、揚げ焼きにする。途中でひっくり返し、中まで火が通ったことを確認したらバットにとり出す。

④
ボウルに**トマトソース**の材料を入れて混ぜ合わせる。

⑤
ココでとりわけ！
③から子ども用40〜50g×2食分をとりわけ、キッチンバサミで食べやすい大きさに切る。皿に盛り、④を小さじ2ずつかける。

⑥
残りの④に**追加調味料**を加えて混ぜ合わせ、残りの大人用2食分にかける。大人用にお好みで粉チーズをかけ、子ども用、大人用の両方にパセリを散らす。

保存方法 カツレツはトマトソースと別々にわけ、1食分ずつラップに包んで冷凍する。トマトソースは器に盛り、ラップをかけて冷蔵する。

食べるとき **子ども用：**カツレツは600Wの電子レンジで20秒ほど加熱後、オーブントースターで2〜3分焼く。トマトソースは600Wの電子レンジで10〜20秒加熱し、カツレツにかける。
大人用：カツレツは600Wの電子レンジで40〜50秒加熱後、オーブントースターで2〜3分焼く。トマトソースは600Wの電子レンジで10〜20秒加熱し、カツレツにかける。

おすすめ献立例

P.36 ささみのチーズカツレツ
P.132 ブロッコリーのペペロン
ごはん
P.139 かぼちゃのポタージュ

鶏ささみは加熱時間が長いと固くなりやすいので、揚げすぎに注意しましょう。

王道！鶏の唐揚げ

材料 （大人2食分+子ども4食分）

子ども用
鶏もも肉 … 2/3枚 （160g）
A しょうゆ … 小さじ1
　塩 … ひとつまみ
　酒 … 小さじ1
片栗粉 … 大さじ3

大人用
鶏もも肉 … 1と1/3枚 （340g）
B しょうゆ … 大さじ1と1/2
　塩 … ふたつまみ
　にんにく（チューブ） … 2cm
　しょうが（チューブ） … 2cm
　酒 … 小さじ1
片栗粉 … 大さじ5

米油（またはサラダ油でも可） … 適量

下準備

鶏肉は、子ども用20gほど×8個に切りわけ、残りの大人用は子ども用よりやや大きめの食べやすい大きさに切りわける。

> サクサクかつ
> ジューシーなひと品。
> お弁当にも
> ピッタリ！

作り方

① ココでとりわけ！

2枚のポリ袋に大人用と子ども用それぞれの鶏肉と**B**、**A**を入れ、10～20分おく。

②

①に片栗粉をそれぞれしっかりまぶす。

③

フライパンに米油を底から1cmほどの高さまで入れて子ども用の鶏肉を入れ、両面をこんがりと揚げ焼きにして、中まで火を通す。同様に、大人用も揚げ焼きにする。

④

表面がカラッと揚がり、中まで火が通ったことを確認したらそれぞれバットにあげて粗熱をとり、子ども用はキッチンバサミで食べやすい大きさに切る。

保存方法 1食分ずつラップに包んで冷凍する。

食べるとき **子ども用：**600Wの電子レンジで30秒ほど加熱後、オーブントースターで2～3分焼く。
大人用：600Wの電子レンジで40～50秒加熱後、オーブントースターで2～3分焼く。

おすすめ献立例

P.37
王道！
鶏の唐揚げ

P.131
トマトの
マリネサラダ

ごはん

P.141
わかめスープ

> 今回は少なめの油で揚げ焼きにしていますが、たっぷりの油で揚げてもOK。揚げ焼きにする場合は、途中で鶏肉をひっくり返し、両面をしっかりと焼きましょう。

絶品チキン南蛮

衣はザクザク
中はジューシー！
タルタルソースで
ごはんもすすむ

材料 （大人2～3食分＋子ども2食分）

鶏もも肉 … 2枚（500g）
塩 … 少々
片栗粉 … 適量
A しょうゆ … 大さじ1
　 酢 … 大さじ1
　 砂糖 … 小さじ1
米油（またはサラダ油でも可）… 大さじ2

タルタルソース

ゆで卵 … 2個
玉ねぎ … 1/4個（50g）
B マヨネーズ … 大さじ2
　 酢 … 小さじ1
　 砂糖 … 小さじ1/2
　 塩 … ひとつまみ

追加調味料

ブラックペッパー … 適宜

下準備

1 鶏肉は厚いところに切り込みを入れて開き、厚さを均等にする。
2 玉ねぎはみじん切りにし、水にさらして水気を切る。

作り方

① 鶏肉に塩をふり、片栗粉をまんべんなくたっぷりとつける。

② フライパンに米油をひき、中火で①を皮目から焼く。皮がパリッと焼けたらひっくり返し、弱火にして中に火が通るまで焼く。

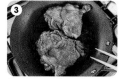

③ キッチンペーパーで油をふきとり、**A**を入れて絡ませ、火を止める。

④ ボウルにゆで卵を入れてつぶし、玉ねぎ、**B**を入れてよく混ぜ、**タルタルソース**を作る。

ココで
とりわけ！

⑤ 子ども用40gほど×2食分を切りわけ、キッチンバサミでさらに食べやすい大きさに切り、タルタルソースを少量かける（かけなくてもOK）。残りの大人用2～3食分にもタルタルソースをかけ、お好みでブラックペッパーをふる。

保存方法 チキンはタルタルソースと別々にわけ、1食分ずつラップに包んで冷凍する。タルタルソースは器に盛り、ラップをかけて冷蔵する。

食べるとき **子ども用：**チキンは600Wの電子レンジで20秒ほど加熱後、オーブントースターで2～3分焼く。タルタルソースは温めず、そのままチキンにかける。
大人用：チキンは600Wの電子レンジで40～50秒ほど加熱後、オーブントースターで2～3分焼く。タルタルソースは温めず、そのままチキンにかける。

おすすめ献立例

P.38
絶品チキン南蛮

P.124
ほうれん草と
にんじんのナムル

ごはん

P.141
わかめスープ

タルタルソースは冷凍保存に向かないので、冷蔵で保存するか食べる直前に作るのがおすすめです。

玉ねぎのみぞれチキンソテー

材料 （大人2～3食分＋子ども2食分）

鶏もも肉 … 2枚（500g）
玉ねぎ … 1/2個（100g）
薄力粉 … 適量
A しょうゆ … 小さじ2
　酒 … 大さじ2
　みりん … 大さじ1
　砂糖 … 小さじ2
ごま油 … 適量

追加調味料
しょうゆ … 小さじ2
塩 … ふたつまみ

下準備

1 玉ねぎはすりおろして**A**と合わせる。
2 鶏肉は、子ども用20gほど×4個（4cmの角切り）に切りわけ、残りの大人用は子ども用よりやや大きめの食べやすい大きさに切り、薄力粉をまぶす。

すりおろした
玉ねぎの
やさしい甘さが
ほっとする味♪

作り方

①
フライパンにごま油をひき、鶏肉の皮目を下にして入れ、焼き色がつくまで焼く。

②
ひっくり返してフタをし、弱火でさらに5分ほど焼く。

③
Aと合わせた玉ねぎを加えて弱めの中火でとろみがつくまで煮詰める。

ココで
とりわけ！

④
子ども用2個×2食分をとりわけ、キッチンバサミで食べやすい大きさに切る。大人用は、残りに**追加調味料**を入れて再度1分ほど煮詰める。

保存方法 1食分ずつラップに包む、または耐熱密封容器に入れて冷凍する。

食べるとき **子ども用：**600Wの電子レンジで40秒ほど加熱する。冷たかったら10～20秒ずつ加熱を追加。
大人用：600Wの電子レンジで1分20秒ほど加熱する。冷たかったら10～20秒ずつ加熱を追加。

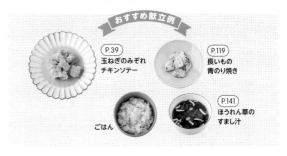

おすすめ献立例

P.39
玉ねぎのみぞれ
チキンソテー

P.119
長いもの
青のり焼き

ごはん

P.141
ほうれん草の
すまし汁

大人用の鶏肉はどんなサイズでもOKですが、子ども用より大きめに切っておくと、とりわけるときに区別がつきやすくなります。

照り焼きチキン

材料 (大人2〜3食分+子ども2食分)

鶏もも肉 … 2枚 (500g)
A しょうゆ … 小さじ2弱
みりん … 小さじ2
酒 … 小さじ2
砂糖 … 小さじ1/2
ごま油 … 適量

追加調味料

しょうゆ … 小さじ2
みりん … 小さじ1
砂糖 … 小さじ1/2

下準備

鶏肉は1個20gほど(4cmの角切り)に切りわける。

タレの濃さを
調節できるから
大人も子どもも
大満足の味わいに

作り方

① フライパンにごま油をひき、鶏肉を皮目から焼く。

② こんがりと焼き色がついたらひっくり返し、弱火で焼き、中まで火が通ったことを確認する。合わせた**A**を入れ、弱めの中火で何度かひっくり返しながら煮詰める。

③ ココでとりわけ!

子ども用2個×2食分をとりわけ、キッチンバサミで食べやすい大きさに切りわける。大人用2〜3食分は残りのフライパンに**追加調味料**を入れて再度煮詰める。

保存方法 1食分ずつラップに包んで冷凍する。

食べるとき **子ども用:**600Wの電子レンジで40秒ほど加熱する。冷たかったら10〜20秒ずつ加熱を追加。
大人用:600Wの電子レンジで1分20秒ほど加熱する。冷たかったら10〜20秒ずつ加熱を追加。

おすすめ献立例

P.40 照り焼きチキン

P.123 キャベツのカレー炒め

ごはん

P.142 さつまいものみそ汁

🍴 のり塩チキン

材料 (大人2〜3食分+子ども2食分)

鶏もも肉 … 2枚 (500g)
塩 … 小さじ1/2
青のり … 小さじ1
ごま油 … 適量

追加調味料
塩 … 小さじ1/2
ブラックペッパー… 適量

下準備

鶏肉は1個20gほど(4cmの角切り)に切り、塩をふって下味をつける。

> シンプルな
> 調味料でかんたん。
> 青のりの
> 風味が香る!

作り方

① フライパンにごま油をひき、鶏肉を皮目から焼く。

② ひっくり返して弱火で焼き、中まで火が通ったことを確認する。

③ ②に青のりをまぶしてなじませる。

ココでとりわけ!

④ 子ども用2個×2食分をとりわけ、キッチンバサミで食べやすい大きさに切る。大人用2〜3食分は、残りに**追加調味料**を入れてなじませる。

保存方法 1食分ずつラップに包んで冷凍する。

食べるとき **子ども用**:600Wの電子レンジで40秒ほど加熱する。冷たかったら10〜20秒ずつ加熱を追加。
大人用:600Wの電子レンジで1分20秒ほど加熱する。冷たかったら10〜20秒ずつ加熱を追加。

おすすめ献立例

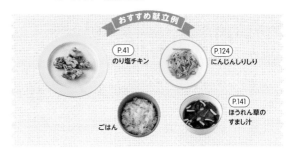

P.41 のり塩チキン
P.124 にんじんしりしり
ごはん
P.141 ほうれん草のすまし汁

🍴 タンドリーチキン

材料 （大人2～3食分＋子ども2食分）

子ども用
鶏もも肉 … 80g
プレーンヨーグルト … 大さじ1
味つけカレーパウダー（甘口）
　… 小さじ1/2
トマトケチャップ … 小さじ1
レモン汁 … 少々

大人用
鶏もも肉 … 400g
プレーンヨーグルト … 大さじ3
カレーパウダー … 小さじ2
塩 … 小さじ1
にんにく（チューブ） … 2cm
しょうが（チューブ） … 2cm
トマトケチャップ … 小さじ2
レモン汁 … 小さじ1/2

下準備

子ども用の鶏肉は1個20gほど（4cmの
角切り）に切りわけ、大人用の鶏肉は食べ
やすい大きさに切る。

漬け込んで
焼くだけ！
放っておくだけ
で完成♪

作り方

**ココで
とりわけ！**

2枚のポリ袋に大人用と子ども
用の材料をそれぞれすべて入
れ、よくもみ込んで冷蔵庫で最
低1時間ほど寝かせる。

② 天板にオーブンペーパーを敷
き、①を少し離して並べ、200
℃のオーブンで予熱をせずに
20分焼く。

③ 子ども用2個×2食分をキッチ
ンバサミで食べやすい大きさに
切りわける。残りの大人用2～
3食分はそのまま皿に盛る。

保存方法 1食分ずつラップに包んで冷凍する。

食べるとき 子ども用：600Wの電子レンジで40秒ほど加熱する。冷たかったら10
～20秒ずつ加熱を追加。
大人用：600Wの電子レンジで1分20秒ほど加熱する。冷たかったら
10～20秒ずつ加熱を追加。

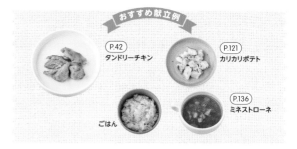

おすすめ献立例

P.42 タンドリーチキン

P.121 カリカリポテト

ごはん

P.136 ミネストローネ

大人用はスパイスのみのカレーパウ
ダー、子ども用は市販されている味つ
けカレーパウダー（甘口）を使用するの
がおすすめ。子どもといっしょに、本格
的なタンドリーチキンが食べられます。

🍴 お手軽油淋鶏（ユーリンチー）

材料 （大人2～3食分＋子ども2食分）

鶏もも肉 … 2枚 (500g)
A しょうゆ … 小さじ2
　｜ 塩 … ひとつまみ
片栗粉 … 適量
ごま油 … 大さじ1と1/2

ねぎダレ
長ねぎ … 1/2本 (50g)
しょうゆ … 大さじ1
酢 … 大さじ1
はちみつ … 小さじ2
ごま油 … 小さじ2

下準備

1 鶏肉は厚いところに切り込みを入れて開き、**A**をもみ込み下味をつける。
2 長ねぎは、みじん切りにする。

> カリカリに焼いた
> チキンが絶品！
> ねぎダレたっぷりで
> 大人も大満足

主役級おかず

親子で食べられる

鶏もも肉

作り方

① 鶏肉全体に片栗粉をしっかりまぶす。フライパンにごま油をひき、鶏肉を皮目から焼く。焼き色がついたらひっくり返して弱火で焼き、中まで火が通ったことを確認する。

② 鶏肉を焼いている間に**ねぎダレ**を作る。耐熱ボウルにねぎダレの材料をすべて入れ、ふんわりとラップをして600Wの電子レンジで1分ほど加熱する。

ココでとりわけ！

③ ①に中まで火が通ったら、食べやすい大きさにカットし、子ども用40gほど×2食分をとりわける。大人用2～3食分は残りに②のねぎダレをかける。

保存方法 チキンはねぎダレと別々にわけ、1食分ずつラップに包んで冷凍する。ねぎダレは器に盛り、ラップをかけて冷蔵する。

食べるとき 子ども用：チキンは600Wの電子レンジで30秒ほど加熱後、オーブントースターで2～3分焼く。
大人用：チキンは600Wの電子レンジで40～50秒加熱後、オーブントースターで2～3分焼く。ねぎダレは600Wの電子レンジで10～20秒加熱し、チキンにかける。

おすすめ献立例

P.43 お手軽油淋鶏　　　P.127 ポリポリきゅうり

ごはん　　　P.140 レタスと春雨のスープ

> 子ども用は何もかけないか、お好みで少ししょうゆを垂らしてもOKです。

🍴 手羽中ハーフグリル

香ばしい
ごま油の香りが
食欲を
かき立てる

材料 （大人2食分＋子ども2食分）

子ども用
鶏手羽中ハーフ … 6 本 (150g)
ごま油 … 小さじ 1/2
塩 … 少々
鶏がらスープの素（顆粒）… ひとつまみ

大人用
鶏手羽中ハーフ … 10 本 (250g)
ごま油 … 小さじ 1
塩 … 小さじ 1/2
鶏がらスープの素（顆粒）… 小さじ 1
にんにく（チューブ）… 3cm
ブラックペッパー… 適量

作り方

ココで
とりわけ！

ポリ袋を2枚用意し、大人用と
子ども用それぞれの材料をすべ
て入れ、もみ込んで15分おく。

魚焼きグリルまたはオーブントー
スターで子ども用と大人用が混
ざらないように注意して並べ
る。両面を焼き、骨の間までしっ
かり火が通ったことを確認する。

子ども用3本×2食分、大人用2
食分はそれぞれ皿に盛る。

保存方法 1食分ずつラップに包んで冷凍する。

食べるとき **子ども用：**600Wの電子レンジで40秒ほど加熱する。冷たかったら10
～20秒ずつ加熱を追加。
大人用：600Wの電子レンジで1分30秒ほど加熱する。冷たかったら
10～20秒ずつ加熱を追加。

おすすめ献立例

P.44
手羽中
ハーフグリル

P.118
豆苗とツナの
和風炒め

ごはん

P.139
かぼちゃの
ポタージュ

子ども用の手羽中は、お子さまが食
べにくそうな場合はほぐして与えてく
ださい。

手羽元と大根の煮物

材料 (大人2食分+子ども2食分)

鶏手羽元 … 6本 (300g)
大根 … 1/2本 (500g)
A 水 … 400ml
　しょうゆ … 大さじ1と1/2
　みりん … 大さじ2
　砂糖 … 小さじ2
ごま油 … 適量
小ねぎ … 適宜

追加調味料
しょうゆ … 大さじ1と1/2
砂糖 … 小さじ2

下準備

大根は2cm幅のいちょう切りにして耐熱容器に入れ、ふんわりとラップをして600Wの電子レンジで4分ほど加熱する。

じっくり煮込んで味が染みた大根とほろほろのお肉が絶品!

作り方

① 鍋にごま油をひき、手羽元を焼いて、全体に焼き目をつける。

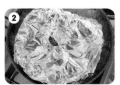

② 大根とAを加え、ホイル(落としぶたでも可)をかぶせて、たまに混ぜながら弱めの中火で中まで火が通るように煮込む。

ココでとりわけ!

③ 煮汁が1/3ほどになったら子ども用の手羽元1本×2食分、大根と煮汁は1/6ほど×2食分をとりわける。

④ 大人用2食分は残りの鍋に**追加調味料**を加えて弱めの中火で3分ほど煮込む。器に盛り、お好みで小口切りにした小ねぎを散らす。

保存方法 1食分ずつ耐熱密封容器に入れて冷蔵する。

食べるとき **子ども用:**600Wの電子レンジで1分ほど加熱する。冷たかったら10〜20秒加熱を追加。
大人用:600Wの電子レンジで2分ほど加熱する。冷たかったら10〜20秒加熱を追加。

おすすめ献立例

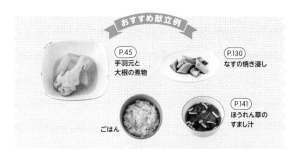

P.45 手羽元と大根の煮物
P.130 なすの焼き浸し
ごはん
P.141 ほうれん草のすまし汁

下準備で大根を電子レンジで加熱しておくことで、煮込み時間を短縮することができます。また、時間があるときは調理後に一度冷ますことで、味が染み込みおいしく仕上がります。

豚のしょうが焼き

材料 (大人2食分+子ども2食分)

豚ロース薄切り肉 … 300g
玉ねぎ … 3/4 個 (150g)
薄力粉 … 適量
A しょうゆ … 小さじ 2
　酒 … 大さじ 1
　みりん … 大さじ 1
　しょうが (チューブ) … 2cm
ごま油 … 適量

追加調味料

しょうゆ … 小さじ 2
砂糖 … 小さじ 1/2
しょうが (チューブ) … 2cm
にんにく (チューブ) … 2cm

下準備

1 玉ねぎは薄切りにする。
2 豚肉は4cm幅に切り、薄力粉をまぶす。

パパッとできて
おいしいから
忙しい日にも
ピッタリ！

作り方

フライパンにごま油をひいて火
にかけ、玉ねぎをしんなりするま
で炒める。

①に豚肉を入れて色が変わるま
で炒める。

ココで
とりわけ！

②に合わせた**A**を入れて煮詰め
る。子ども用50gほど×2食分
をとりわけ、キッチンバサミでさ
らに食べやすい大きさに切る。

大人用2食分は、残ったフライ
パンに**追加調味料**を加えて、
煮汁が少なくなるまで再度煮詰
める。

保存方法 1食分ずつラップに包んで冷凍する。

食べるとき **子ども用：**600Wの電子レンジで50秒ほど加熱する。冷たかったら10
〜20秒ずつ加熱を追加。
大人用：600Wの電子レンジで1分30秒〜2分加熱する。冷たかった
ら10〜20秒ずつ加熱を追加。

おすすめ献立例

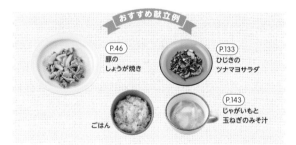

P.46
豚の
しょうが焼き

P.133
ひじきの
ツナマヨサラダ

ごはん

P.143
じゃがいもと
玉ねぎのみそ汁

じゃがいもの肉巻き

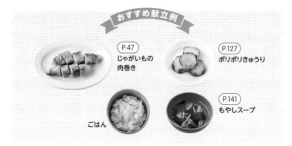

子どもが大好きな
ポテトを
豚肉で巻いて
ボリュームアップ

材料（大人2食分+子ども2食分）

豚ロース薄切り肉 … 14枚（250g）
じゃがいも … 2個（300g）
薄力粉 … 適量
A 酒 … 大さじ1
　みりん … 大さじ1
　しょうゆ … 小さじ2
　砂糖 … 小さじ1/2
ごま油 … 適量

追加調味料
しょうゆ … 小さじ2
砂糖 … 小さじ1

下準備

じゃがいもは0.5cm幅の細切りにし、水にさらす。

作り方

① じゃがいもは水気を切り、耐熱容器に入れてふんわりとラップをし、600Wの電子レンジで3分ほど加熱する。

② 豚肉を1枚ずつ広げ、じゃがいもを6～8本のせて端から巻く。

③ ②に薄力粉をまぶし、ごま油をひいたフライパンに並べて焼く。

④ ころころ転がしながら焼き、豚肉に火が通ったら弱火にして、合わせたAを加えて煮詰める。

保存方法 1食分ずつラップに包んで冷蔵する。

食べるとき **子ども用**：600Wの電子レンジで20～30秒加熱する。冷たかったら10～20秒ずつ加熱を追加。
　大人用：600Wの電子レンジで1分ほど加熱する。冷たかったら10～20秒ずつ加熱を追加。

⑤ **ココでとりわけ！**

子ども用2本×2食分をとりわけ、キッチンバサミで食べやすい大きさに切る。大人用5本×2食分は残ったフライパンに**追加調味料**を加えて煮詰める。

おすすめ献立例

（P.47）じゃがいもの肉巻き

（P.127）ポリポリきゅうり

ごはん

（P.141）もやしスープ

🍴 定番！肉野菜炒め

材料 （大人2食分＋子ども2食分）

豚こま切れ肉 … 240g
キャベツ … 4枚 (200g)
にんじん … 1/2本 (75g)
ニラ … 1/2束 (50g)
もやし … 1/2袋 (100g)
A 鶏がらスープの素（顆粒） … 小さじ2
　│　しょうゆ … 小さじ1/2
　│　塩 … ひとつまみ
水 … 100ml
ごま油 … 適量

追加調味料
塩 … 適宜
ブラックペッパー … 適宜

下準備

豚肉は4cm幅に切る。キャベツは3〜
4cm角のざく切り、にんじんは3〜4cm
長さの細切り、ニラは4cm幅に切る。

大人用はシャキッと
子ども用は柔らかく。
食感を変えて
野菜を食べやすく♪

作り方

① フライパンにごま油をひいて火
にかけ、豚肉を入れて軽く色が
変わるまで炒める。

② ①ににんじんとキャベツを加え
てしんなりするまで炒め、もや
し、ニラ、**A**を加えて絡ませなが
ら強火で1分ほど炒める。

ココでとりわけ！

③ 大人用2食分として2/3ほどと
りわけ、お好みで**追加調味料**を
加える。残った子ども用1/3ほ
ど（2食分）はフライパンに水を
加え、水分がなくなるまで煮詰
める。

保存方法 1食分ずつラップに包んで冷蔵する。

食べるとき **子ども用：**600Wの電子レンジで40秒ほど加熱する。冷たかったら10
〜20秒ずつ加熱を追加。
大人用：600Wの電子レンジで1分30秒〜2分加熱する。冷たかった
ら10〜20秒ずつ加熱を追加。

おすすめ献立例

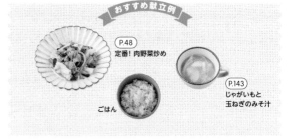

(P.48) 定番！肉野菜炒め

ごはん

(P.143) じゃがいもと
玉ねぎのみそ汁

最後に水を加えて煮込むことで、野菜がくたっとして食べや
すくなります。1歳半〜2歳頃のお子さまが食べる場合は、
最後にキッチンバサミなどで、豚肉、ニラやキャベツをさら
に小さめに切ってあげると食べやすくなりますよ。

⍢ キャベツと豚肉の豆乳鍋

材料 (大人2〜3食分+子ども2食分)

豚肩ロース肉 (しゃぶしゃぶ用) … 240g
キャベツ … 5枚 (250g)
にんじん … 1/2本 (75g)
長ねぎ … 1本 (100g)
えのきたけ … 1袋 (100g)
A 水 … 300ml
　鶏がらスープの素 (顆粒)
　　… 大さじ1と1/2
　みそ … 大さじ1
　しょうゆ … 小さじ1
　みりん … 大さじ1
無調整豆乳 … 300ml
ごま油 … 小さじ1

追加調味料
塩 … 適宜
ラー油 … 適宜
ブラックペッパー… 適宜

下準備

1 キャベツはざく切り、にんじんは3〜
　4cm長さの細切り、長ねぎは斜め薄切
　りにする。
2 えのきたけは石づきを落としてほぐす。

さっぱりまろやか
塩やラー油の
ちょい足しで
大人の味わいに

作り方

1

鍋にA、豚肉、下準備した野菜
を入れて火にかけ、フタをして野
菜に火が通るまで煮る。

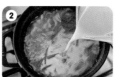

2

アクをとり、弱火にして豆乳とご
ま油を加えて混ぜ合わせる。ふ
つふつしてきたら火を止める(沸
騰しすぎると豆乳が分離してし
まうので注意)。

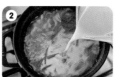

3 ココで
とりわけ!

子ども用に鍋の1/6ほど×2食
分をとりわけ、大人用2〜3食分
は残りを適量ずつ器に盛る。子
ども用は、キッチンバサミで具材
を食べやすい大きさに切り、大
人用はお好みで**追加調味料**を
かける。

保存方法 1食分ずつ耐熱密封容器に入れて冷蔵する。

食べるとき **子ども用**:600Wの電子レンジで1分ほど加熱する。冷たかったら10
　　　　　〜20秒ずつ加熱を追加。
　　　　　大人用:600Wの電子レンジで2分〜2分30秒加熱する。冷たかった
　　　　　ら10〜20秒ずつ加熱を追加。

おすすめ献立例

P.49
キャベツと豚肉の
豆乳鍋

ごはん
(またはうどん)

なすと豚バラの ポン酢炒め

材料 (大人2食分+子ども2食分)

豚バラ薄切り肉 … 250g
なす … 2本 (160g)
A ポン酢しょうゆ … 小さじ2
│ みりん … 大さじ1

追加調味料
ポン酢しょうゆ … 小さじ2
しょうゆ … 小さじ1
塩 … 少々

下準備

1 なすは縦半分に切り、0.5cm幅の斜め切りにする。
2 豚肉は4cm幅に切る。

ポン酢しょうゆで
さっぱり。
豚肉の旨味を
吸ったなすが美味

作り方

1 フライパンに、油をひかずに豚肉を入れて火にかける。

2 焼き目がついてきたら余分な油をキッチンペーパーでふきとる。

3 なすを入れて豚肉から出た脂を吸わせながら焼く。

4 なすがしんなりしたら**A**を加えて炒める。

ココで
とりわけ!

5 子ども用50gほど×2食分をとりわけ、大人用2食分は残りのフライパンに**追加調味料**を加えて炒め合わせる。

保存方法 1食分ずつラップに包んで冷凍する。

食べるとき 子ども用:600Wの電子レンジで50秒ほど加熱する。冷たかったら10〜20秒ずつ加熱を追加。
大人用:600Wの電子レンジで1分30秒〜2分加熱する。冷たかったら10〜20秒ずつ加熱を追加。

おすすめ献立例

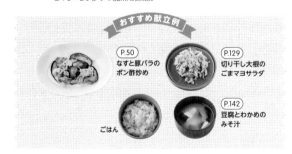

- P.50 なすと豚バラのポン酢炒め
- P.129 切り干し大根のごまマヨサラダ
- ごはん
- P.142 豆腐とわかめのみそ汁

🍴 プルコギ

材料 （大人2食分＋子ども2食分）

牛薄切り肉 … 300g
玉ねぎ … 1/2 個 (100g)
にんじん … 1/2 本 (75g)
ニラ … 1/2 束 (50g)
A しょうゆ … 大さじ 1
　酒 … 大さじ 1 と 1/2
　砂糖 … 小さじ 1
　ごま油 … 小さじ 1
ごま油 … 適量

追加調味料

しょうゆ … 小さじ 2
砂糖 … 小さじ 1
コチュジャン … 小さじ 2
塩 … ひとつまみ
にんにく（チューブ）… 2cm

下準備

玉ねぎは薄切り、にんじんは細切り、ニラは4cm長さに、牛肉は4cm幅に切る。

> 甘い味つけで子どもも食べやすい。牛肉デビューにもピッタリ！

作り方

1
ポリ袋に野菜、牛肉、**A**を入れてもみ込み、冷蔵庫に入れて15分以上漬け込む。

2
フライパンにごま油をひいて火にかけ、①を入れて炒める。

3 ココでとりわけ！
水分がなくなったら子ども用50gほど×2食分をとりわけ、キッチンバサミで牛肉、ニラなどを食べやすい大きさに切る。大人用2食分は残りのフライパンに**追加調味料**を入れて炒める。

保存方法 1食分ずつラップに包んで冷凍する。

食べるとき **子ども用：**600Wの電子レンジで50秒ほど加熱する。冷たかったら10〜20秒ずつ加熱を追加。
　大人用：600Wの電子レンジで1分30秒〜2分加熱する。冷たかったら10〜20秒ずつ加熱を追加。

おすすめ献立例

P.51 プルコギ

P.124 ほうれん草とにんじんのナムル

ごはん

P.138 じゃがいものポタージュ

> 辛いのが苦手な方は、コチュジャンなしでもおいしく食べられます。

🍴 肉じゃが

材料 （大人2食分＋子ども2食分）

牛こま切れ肉 （または
　豚ロース薄切り肉でも可）… 300g
じゃがいも … 4個 (600g)
にんじん … 1/2本 (75g)
玉ねぎ … 1個 (200g)
しらたき … 100g
A しょうゆ … 大さじ 1
　みりん … 大さじ 2
　酒 … 大さじ 2
　砂糖 … 小さじ 1
だし汁 … 250ml
ごま油 … 適量

追加調味料
しょうゆ … 大さじ 1と2/3
砂糖 … 小さじ 2

下準備

1 じゃがいもは8等分の大きさに切り、に
んじんは乱切りに、玉ねぎをくし形切り
にする。

2 しらたきは水でさっと洗い、食べやすい
大きさに切る。

3 牛肉は3cm幅に切る。

> 柔らかく煮込んだ
> 野菜とお肉が
> 食べやすくて
> 飽きないおいしさ

作り方

鍋にごま油をひいて火にかけ、
野菜としらたきを入れて1分ほ
ど炒め、牛肉をのせる。

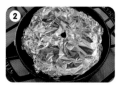

①に**A**とだし汁を入れて沸騰し
たらアクをとり、ホイル（落としぶ
たでも可）をかぶせて弱めの中
火で15分ほど煮込む。

**ココで
とりわけ！**

野菜が柔らかくなったら子ども
用を汁込みで130gほど×2食
分をとりわける。しらたき、牛肉
はキッチンバサミで小さく切る。

大人用2食分は残りの鍋に**追
加調味料**を入れ、フタをせずに
弱めの中火で5分ほど煮る。

保存方法 1食分ずつ耐熱密封容器に入れて冷蔵する。

食べるとき **子ども用：**600Wの電子レンジで40～50秒加熱する。冷たかったら
10～20秒ずつ加熱を追加。
大人用：600Wの電子レンジで2分ほど加熱する。冷たかったら10～
20秒ずつ加熱を追加。

おすすめ献立例

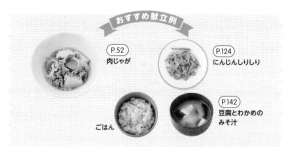

P.52 肉じゃが
P.124 にんじんしりしり
ごはん
P.142 豆腐とわかめの
みそ汁

> しらたきは弾力があり、かみきれない
> ことがあるので、子どもに与える際
> には小さく切りましょう。

🍴 長いもと鮭のバターめんつゆ

材料 （大人2食分＋子ども2食分）

生鮭 … 3切れ（240g）
長いも … 300g
バター … 5g
めんつゆ（3倍濃縮）… 大さじ 1/2
ごま油 … 適量

追加調味料
しょうゆ … 大さじ 1
塩 … 少々
バター … 5g

下準備

1 鮭は骨をとってキッチンペーパーで水気をふきとり、2cm幅に切る。
2 長いもは1cm幅のいちょう切りにする。

しょうゆの代わりに
めんつゆを使って
さっぱり
食べやすく

作り方

①

フライパンにごま油をひいて火にかけ、鮭と長いもを入れて焼く。

②

ココで
とりわけ！

鮭に火が通ったらバターとめんつゆを入れて和え、子ども用に2cm幅に切った鮭2～3切れ×2食分、長いも2～3個×2食分をとりわけ、長いもはキッチンバサミで食べやすい大きさに切る。

③

大人用2食分は②に**追加調味料**を加えて再度炒め合わせる。

保存方法 1食分ずつラップに包んで冷凍する。

食べるとき **子ども用：**600Wの電子レンジで40秒ほど加熱する。冷たかったら10～20秒ずつ加熱を追加。
大人用：600Wの電子レンジで1分20秒ほど加熱する。冷たかったら10～20秒ずつ加熱を追加。

おすすめ献立例

P.53
長いもと鮭の
バターめんつゆ

P.129
切り干し大根の
煮物

ごはん

P.142
さつまいもの
みそ汁

ごはんにもパンにも
合うひと品。
野菜もいっしょに
たくさんとれる！

（保存方法）1食分ずつラップに包む、または耐熱密封容器に入れて冷凍する。

（食べるとき）**子ども用：** 600Wの電子レンジで40秒ほど加熱する。冷たかったら10〜20秒ずつ加熱を追加。
大人用： 600Wの電子レンジで1分20秒ほど加熱する。冷たかったら10〜20秒ずつ加熱を追加。

おすすめ献立例

P.54
鮭ときのこの
クリーム煮

P.122
デリ風かぼちゃサラダ

ごはん（またはパン）

P.141
わかめスープ

冷凍のほうれん草を使うと、①の加熱する手間が省けて時短になるのでおすすめです。

鮭ときのこの クリーム煮

材料 (大人2食分+子ども2食分)

生鮭 … 3切れ (240g)
薄力粉 … 小さじ1
バター… 5g
しめじ … 1パック (100g)
ほうれん草 … 3/10束 (60g)
薄力粉 … 大さじ1と1/2
A 牛乳 … 280ml
　├ コンソメ (顆粒) … 小さじ1
　├ 塩 … ひとつまみ
米油 (またはサラダ油でも可)
　… 適量

追加調味料
塩 … ひとつまみ
コンソメ (顆粒) … 小さじ1

下準備

1 鮭は骨をとってキッチンペーパーで水気をふきとり、子ども用1切れは4等分に切る。
2 しめじは石づきを落としほぐす。

作り方

ほうれん草はラップに包み、600Wの電子レンジで2分加熱して水にさらし、水気をしぼって3cm幅に切る。

鮭に薄力粉 (小さじ1) をまぶす。フライパンに米油をひいて鮭を入れて両面を焼く。

鮭をフライパンの端に寄せ、空いたスペースにバターを溶かし、しめじ、①、薄力粉 (大さじ1と1/2) を入れて全体になじませる。

③にAを入れてぐつぐつしたら弱火にし、とろみが出るまで煮詰めながらしめじに火を通す。

ココでとりわけ!

子ども用は、カットしてある鮭2切れ×2食分とソース適量をとりわけ、しめじを食べやすい大きさに切る。大人用のカットしていない鮭2食分は、残りに**追加調味料**を入れて混ぜる。

🍴 鮭とじゃがいものカレーマヨ

**スパイシーかつ
まろやかで
クセになる味わい!**

保存方法 1食分ずつラップに包んで冷蔵する。

食べるとき **子ども用:**600Wの電子レンジで40秒ほど加熱する。冷たかったら10
〜20秒ずつ加熱を追加。
大人用:600Wの電子レンジで1分30秒〜2分加熱する。冷たかった
ら10〜20秒ずつ加熱を追加。

おすすめ献立例

P.56
鮭とじゃがいもの
カレーマヨ

P.119
長いもの
青のり焼き

ごはん

P.141
もやしスープ

材料 (大人2食分+子ども2食分)

生鮭 … 3切れ (240g)
じゃがいも … 2個 (300g)
薄力粉 … 小さじ2
塩 … ひとつまみ

米油 (またはサラダ油でも可) … 適量
ドライパセリ … 適宜

子ども用調味料
味つけカレーパウダー (甘口) … 小さじ1/2
マヨネーズ … 小さじ2

大人用調味料
カレーパウダー … 小さじ2
マヨネーズ … 大さじ2
塩 … ひとつまみ

下準備

1 鮭は骨をとってキッチンペーパーで水気をふきとり、2cm幅に切
る。
2 じゃがいもは2cmの角切りにする。

作り方

鮭は薄力粉と塩をまぶす。

耐熱容器にじゃがいもと水少量
(分量外)を入れ、ふんわりとラッ
プをして600Wの電子レンジ
で3分30秒ほど加熱する。

フライパンに米油をひいて火に
かけ、①と②を並べて焼く。

**ココで
とりわけ!**
ボウルに**子ども用調味料**を入れ
て混ぜ、③の1/3ほど(鮭6個、
じゃがいも4〜6個が目安)を加
えてやさしく和え、2食分にわけ
る。

大人用2食分は、別のボウルに
大人用調味料を入れて混ぜ、③
の残りを加えてやさしく和える。
子ども用、大人用それぞれ皿に
盛り、お好みでパセリを散らす。

白身魚のアクアパッツァ

材料 (大人2食分+子ども2食分)

鯛（または他の白身魚でも可）
　… 3切れ（240g）
あさり … 150g
ミニトマト … 6個
しめじ … 1パック（100g）
塩 … 適量
にんにく … 1かけ
A 酒 … 大さじ2
　　水 … 70ml
　　塩 … ひとつまみ
オリーブオイル … 小さじ1

追加調味料
塩 … ふたつまみ

下準備

1 鯛は骨をとってキッチンペーパーで水気をふきとり、塩をまぶして下味をつける。
2 にんにくはみじん切りにする。しめじは石づきを落としてほぐす。
3 ミニトマトはヘタをとって洗う。
4 あさりは砂抜きをする。

白ワイン不使用。
切り身で作れる
お手軽
アクアパッツァ

作り方

①
フライパンにオリーブオイルをひいて火にかけ、にんにくを入れて香りが立ったら鯛を皮面から焼く。

②
焼き目がついたら、あさり、しめじ、ミニトマトを入れ、**A**を加えてフタをし、12分ほど蒸し焼きにする。

③
ココでとりわけ！
子ども用は鯛1切れを半分に切りわけ、2食分にして皿に盛り、その他の具は1/6ほどずつとりわけ、キッチンバサミで食べやすい大きさに切る。

④
大人用2食分は、③の残りに塩を入れて混ぜる。

保存方法 1食分ずつ耐熱密封容器に入れて冷凍する。

食べるとき **子ども用：**600Wの電子レンジで40秒ほど加熱する。冷たかったら10～20秒ずつ加熱を追加。
大人用：600Wの電子レンジで1分20秒ほど加熱する。冷たかったら10～20秒ずつ加熱を追加。

おすすめ献立例

P.57
白身魚の
アクアパッツァ

P.123
キャベツの
カレー炒め

ごはん（またはパン）

P.139
にんじんの
ポタージュ

2歳頃までは、誤えんしやすいミニトマトは小さく切り、かみ切りにくいあさりやきのこ類も小さく切ってから子どもに与えましょう。

白身魚のカレーフライ

サクサク!
カレー味のフライと
タルタルソースの
相性抜群!

材料 （大人2食分+子ども2食分）

たら（または他の白身魚でも可）… 3切れ（240g）
味つけカレーパウダー（甘口）… 小さじ2
A 薄力粉 … 大さじ3
水 … 大さじ2と1/2
パン粉 … 適量
米油（またはサラダ油でも可）… 大さじ3

タルタルソース
ゆで卵 … 1個
マヨネーズ … 大さじ1
酢 … 小さじ1/2
塩・こしょう … 各少々

下準備

たらは骨をとって、キッチンペーパーで水気をふきとる。

作り方

1 たら全体に味つけカレーパウダー（甘口）をまぶす。

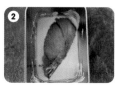

2 **A**を混ぜ合わせ、①にまんべんなく絡ませる。

3 ②にパン粉をまぶす。

4 米油を入れたフライパンに③を入れ、両面を揚げ焼きにする。

ココで
とりわけ!

5 子ども用は1切れ（2食分）を4等分に切り、半量ずつ皿に盛る。大人用2食分も皿に盛る。

6 ボウルに**タルタルソース**の材料を入れ、ゆで卵をつぶしながら混ぜてタルタルソースを作り、大人用の⑤の上にかける。

保存方法 フライはタルタルソースと別々にわけ、1食分ずつラップに包んで冷凍する。タルタルソースは器に盛り、ラップをかけて冷蔵する。

食べるとき **子ども用：**フライは600Wの電子レンジで30秒ほど加熱し、オーブントースターで2〜3分焼く。
大人用：フライは600Wの電子レンジで40〜50秒加熱し、オーブントースターで2〜3分焼く。タルタルソースは温めず、そのままフライにかける。

おすすめ献立例

P.58
白身魚の
カレーフライ

P.130
きゅうりと
わかめの酢の物

ごはん

P.139
にんじんの
ポタージュ

たらのムニエル

材料 （大人2食分+子ども2食分）

たら … 3切れ (240g)
塩 … 小さじ 1/2
薄力粉 … 小さじ 2
バター … 5g

バタポンソース
バター … 10g
ポン酢しょうゆ … 大さじ 1と 1/2

下準備

たらは骨をとって、キッチンペーパーで水気をふきとり、子ども用の1切れは半分に切りわける。

子どもは塩バター味。
大人はバタポン味で
さっぱり召し上がれ♪

作り方

① たらは全体に塩、薄力粉の順にまぶす。

② フライパンにバターを入れて火にかけ、①を入れて弱めの中火で焼く。

ココでとりわけ！

③ 焼き目がついたらひっくり返す。フタをして弱火にし、中までしっかり火が通ったら、子ども用1/2切れ×2食分と大人用2食分をそれぞれ器に盛る。

④ 小さめの耐熱容器に**バタポンソース**の材料を入れ、600Wの電子レンジで30秒ほど加熱し、大人用の皿にかける。

保存方法 ムニエルはバタポンソースと別々にわけ、1食分ずつラップに包んで冷凍する。バタポンソースは器に盛り、ラップをかけて冷蔵する。

食べるとき **子ども用：**ムニエルは600Wの電子レンジで40〜50秒加熱する。冷たかったら10〜20秒ずつ加熱を追加。
大人用：ムニエルは600Wの電子レンジで1分30秒〜2分加熱する。冷たかったら10〜20秒ずつ加熱を追加。バタポンソースは600Wの電子レンジで10〜20秒加熱し、ムニエルにかける。

おすすめ献立例

P.59 たらのムニエル

P.123 キャベツのカレー炒め

ごはん

P.142 さつまいものみそ汁

ぶりの照り焼き

材料 (大人2食分+子ども2食分)

ぶり … 3切れ (240g)
片栗粉 … 小さじ1
A しょうゆ … 大さじ1
みりん … 大さじ1
酒 … 大さじ1
砂糖 … 小さじ1
水 … 大さじ2
ごま油 … 適量

下準備

1 ぶりは軽く塩(分量外)をふり、水分が出たらキッチンペーパーでふきとる。
2 **A**は合わせる。

子どもはあっさり大人はこってり。タレの煮詰め具合で味が変わる!

作り方

ぶりに片栗粉をまぶす。

フライパンにごま油をひき、ぶりを並べて両面焼く。

弱火にして**A**を入れ、フタをして1分ほどたったらひっくり返し、さらに2分ほど加熱する。それぞれ器に盛り、子ども用はキッチンバサミで1切れ(2食分)を半分に切る。

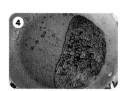

残ったフライパンのタレを煮詰め、とろみがついたら残りの大人用2食分にかける。

保存方法 1食分ずつラップに包んで冷凍する。

食べるとき **子ども用:**600Wの電子レンジで40秒ほど加熱する。冷たかったら10〜20秒ずつ加熱を追加。
大人用:600Wの電子レンジで1分20秒ほど加熱する。冷たかったら10〜20秒ずつ加熱を追加。

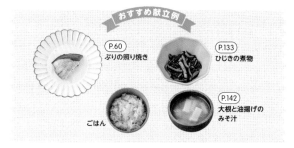

おすすめ献立例

P.60 ぶりの照り焼き
P.133 ひじきの煮物
ごはん
P.142 大根と油揚げのみそ汁

ぶりの竜田揚げ

材料 （大人2食分＋子ども2食分）

子ども用
ぶり … 1切れ（80g）
しょうゆ … 大さじ 1/2
酒 … 大さじ 1/2
しょうが（チューブ）… 1cm

大人用
ぶり … 3切れ（240g）
しょうゆ … 大さじ 1と 1/2
酒 … 大さじ 1
しょうが（チューブ）… 3cm
塩 … ふたつまみ

片栗粉 … 大さじ 6
揚げ油 … 適量

下準備

1 ぶりはキッチンペーパーで水気をふきとり、ひと口サイズに切りわける。

> 少ない油でカリッと
> 香ばしく。
> ひと口サイズで
> 食べやすい

作り方

❶ ココでとりわけ！

2枚のポリ袋に大人用と子ども用の材料をそれぞれすべて入れてもみ、冷蔵庫で10分ほど寝かせる。

❷

①の漬け汁を捨て、片栗粉を子ども用は大さじ2、大人用は大さじ4、それぞれポリ袋に入れ、全体にまぶす。

❸

フライパンに揚げ油を底から0.5cmほど入れ、子ども用40gほど×2食分を入れて両面を揚げ焼きにする。火が通ってこんがりきつね色になったらバットにあげる。

❹

❸と同様に大人用2食分も揚げ焼きにする。

保存方法 1食分ずつラップに包んで冷凍する。

食べるとき **子ども用：**600Wの電子レンジで30秒ほど加熱し、オーブントースターで2〜3分焼く。
大人用：600Wの電子レンジで40〜50秒加熱し、オーブントースターで2〜3分焼く。

おすすめ献立例

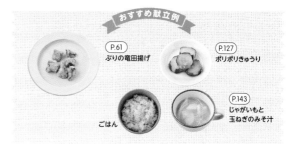

P.61 ぶりの竜田揚げ

P.127 ポリポリきゅうり

ごはん

P.143 じゃがいもと玉ねぎのみそ汁

さばのみそ煮

甘じょっぱい
味つけでごはんが
パクパクすすむ

材料 （大人2食分＋子ども2食分）

さば … 3切れ (240g)
A 水 … 100ml
　酒 … 60ml
　みそ … 大さじ1
　みりん … 大さじ1
　しょうゆ … 小さじ2
　砂糖 … 小さじ2
　しょうが（チューブ）… 2cm

追加調味料

みそ … 小さじ2
みりん … 大さじ1
酒 … 大さじ1
しょうゆ … 小さじ1
砂糖 … 小さじ2

下準備

さばは骨をとり、火が通りやすいように皮に十字に切り込みを入れ、子ども用の1切れは半分に切りわける。

作り方

1 さばは熱湯（分量外）をかけて湯通しし、臭みをとる。

2 フライパンに**A**を入れて混ぜ合わせる。

3 火をつけてぐつぐつとしてきたらさばの皮目を上にして並べる。

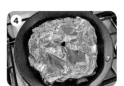

4 ホイル（落としぶたでも可）をかぶせて弱火で10分ほど煮込む。

ココでとりわけ！

5 子ども用1/2切れ×2食分と大人用2食分にわけてさばを器に盛り、子ども用には煮汁を適量かける。

6 **5**の残りのフライパンに**追加調味料**を入れて火にかけ、とろみが出たら火を止め、大人用のさばにかける。

保存方法 1食分ずつラップに包んで冷凍する。

食べるとき 子ども用：600Wの電子レンジで50秒ほど加熱する。冷たかったら10〜20秒ずつ加熱を追加。
大人用：600Wの電子レンジで1分30秒〜2分加熱する。冷たかったら10〜20秒ずつ加熱を追加。

おすすめ献立例

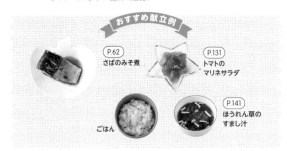

P.62 さばのみそ煮
P.131 トマトのマリネサラダ
ごはん
P.141 ほうれん草のすまし汁

さばの唐揚げ

材料 （大人2食分＋子ども2食分）

さば … 4切れ（320g）
A しょうゆ … 小さじ2
　 酒 … 小さじ2
　 にんにく（チューブ）… 2cm
　 しょうが（チューブ）… 3cm
　 塩 … ひとつまみ
片栗粉 … 大さじ5〜6
サラダ油 … 適量
大根おろし … 適宜

追加調味料

マヨネーズ … 適宜
七味唐辛子 … 適宜

下準備

さばは骨をとり、キッチンペーパーで水気を
ふきとり、2〜3cmの角切りにする。

栄養満点なさばが
唐揚げに大変身。
魚が苦手な子ども
でも食べやすい！

作り方

①
ポリ袋にさばと**A**を入れてもみ
込み、10分おく。

②
①に片栗粉を入れてさば全体に
しっかりまぶす。

③
フライパンにサラダ油を底から
0.5cmほどの高さまで入れ、**②**
を入れて両面を揚げ焼きにする。

④ ココで
とりわけ！
火が通ったらバットにあげ、子ど
も用は40gほど×2食分をとり
わけ、キッチンバサミで食べやす
い大きさに切る。大人用2食分
は、お好みで**追加調味料**、大根
おろしをつけて食べる。

保存方法 1食分ずつラップに包んで冷凍する。

食べるとき **子ども用：**600Wの電子レンジで30秒ほど加熱後、オーブントースター
で2〜3分焼く。
大人用：600Wの電子レンジで40〜50秒加熱後、オーブントースター
で2〜3分焼く。

おすすめ献立例

P.63 さばの唐揚げ

P.130 きゅうりとわかめの
酢の物

ごはん

P.142 さつまいもの
みそ汁

お刺身のときのまぐろ煮

材料（子ども2食分）

まぐろの刺身 … 70g
めんつゆ（3倍濃縮）… 小さじ1と1/2
酒 … 小さじ2
水 … 小さじ2

大人がお刺身を
食べたい日に
大活躍！

保存方法 1食分ずつラップに包んで冷凍する。

食べるとき **子ども用：**600Wの電子レンジで30〜40秒加熱する。冷たかったら
10〜20秒ずつ加熱を追加。

作り方

①
耐熱容器に材料をすべて入れ、
ふんわりとラップをして600W
の電子レンジで1分20秒ほど、
加熱する。

②
まぐろをひっくり返し、再度30
秒ほど加熱する。

③
ほぐして粗熱をとり、35gほど
×2食分を器に盛り、つゆを適
量かける。

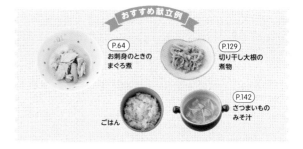

おすすめ献立例

P.64
お刺身のときの
まぐろ煮

P.129
切り干し大根の
煮物

ごはん

P.142
さつまいもの
みそ汁

大人が刺身を食べるときの、子どものとりわけアレンジレシ
ピです。生ものは3歳までは控えたほうがいいといわれてい
ますが、これなら家族いっしょに買ってきたお刺身を食べるこ
とができますよ。

えびしゅうまい

材料 （大人2食分＋子ども5食分）

えび（殻つき）… 5尾（140g）
豚ひき肉 … 280g
玉ねぎ … 1/2個（100g）
しゅうまいの皮 … 25枚
A 片栗粉 … 大さじ1
　砂糖 … 小さじ1
　酒 … 大さじ1
　しょうが（チューブ）… 4cm
　しょうゆ … 小さじ2
　オイスターソース（なくても可）
　　… 小さじ1
　ごま油 … 小さじ1
ごま油 … 適量

追加調味料
しょうゆ … 適宜
からし … 適宜

下準備

1 しゅうまいの皮は半分に切った後、0.5cm幅に切る。
2 玉ねぎはみじん切りにする。
3 えびは殻と背ワタをとり、よく洗って小さく切る。

包まずかんたん！
子どもも食べやすく
時短にもなるので
一石二鳥♪

作り方

1 ボウルにひき肉、玉ねぎ、えび、Aを入れてよく混ぜる。

2 バットにしゅうまいの皮を広げ、①のタネを1個25gほどに丸めて皮をつける。

3 フライパンにごま油をひき、②を並べる。

ココで
とりわけ！

4 底に少し焼き目がついたら湯（分量外）をしゅうまいの1/3ほどの高さまで注ぎ入れ、フタをして弱火で蒸し焼きにする。水分がなくなったら、子ども用2個×5食分と大人用2食分を皿に盛り、大人用はお好みで**追加調味料**をつけて食べる。

保存方法 1食分ずつラップに包んで冷凍する。

食べるとき **子ども用：**600Wの電子レンジで40秒ほど加熱する。冷たかったら10〜20秒ずつ加熱を追加。
大人用：600Wの電子レンジで1分20秒ほど加熱する。冷たかったら10〜20秒ずつ加熱を追加。

おすすめ献立例

P.65
えびしゅうまい

ごはん

P.140
レタスと
春雨のスープ

Column 1

休日のひと手間で平日がラクになる！

冷凍ストック＆下味冷凍レシピ

「平日の料理の負担を減らしたい！」という人は、冷凍ストック＆下味冷凍がおすすめ！
時間のある休日などに仕込んでおくと、平日の調理時間を大幅に短縮できます。

冷凍ストック

冷凍庫に常備しておくと便利な食材のストック方法です。忙しい日もカットした食材が
あれば、調理時間が短縮でき、栄養バランスも整いやすくなります。

油揚げ

冷凍ストック方法
油揚げは横半分に切ってから、1.5cm幅に切る。密封保存袋に入れて軽く空気を抜きながら封を閉じ、冷凍庫に入れる。

使用例 スープなどを作る際、冷凍のまま必要な量をとり、湯が入った鍋に入れて加熱する。

長ねぎ

冷凍ストック方法
長ねぎは輪切りにし、密封保存袋に入れて軽く空気を抜きながら封を閉じ、冷凍庫に入れる。

使用例 スープなどを作る際、冷凍のまま必要な量をとり、湯が入った鍋に入れて加熱する。

しめじ

冷凍ストック方法
しめじは石づきを切り落とし、密封保存袋に入れて軽く空気を抜きながら封を閉じ、冷凍庫に入れる。

使用例 スープなどを作る際、冷凍のまま必要な量をとり、湯が入った鍋に入れて加熱する。子ども用は調理後にキッチンバサミで食べやすい大きさに切る。

しいたけ

冷凍ストック方法
しいたけは薄切りにし、密封保存袋に入れて軽く空気を抜きながら封を閉じ、冷凍庫に入れる。

使用例 スープなどを作る際、冷凍のまま必要な量をとり、湯が入った鍋に入れて加熱する。

しょうが

冷凍ストック方法
しょうがは3cm角ほどのざく切りにし、1個ずつラップに包んで密封保存袋に入れてから、冷凍庫に入れる。

使用例 凍ったまま必要な分をすりおろし、さまざまな料理の調味料として使う。

にんにく

冷凍ストック方法
にんにくはみじん切りにし、密封保存袋に入れて軽く空気を抜きながら封を閉じ、冷凍庫に入れる。

使用例 必要な分をとり出し、凍ったままフライパンに入れて加熱し、さまざまな料理の調味料として使う。

キャベツ

冷凍ストック方法
キャベツは3cm角ほどのざく切りにし、密封保存袋に入れて軽く空気を抜きながら封を閉じ、冷凍庫に入れる。

使用例 スープや炒めものなどを作る際、冷凍のまま必要な量をとり、湯が入った鍋やフライパンに入れて加熱する。

玉ねぎ

冷凍ストック方法
玉ねぎは薄切りにし、密封保存袋に入れて軽く空気を抜きながら封を閉じ、冷凍庫に入れる。

使用例 スープや炒めものなどを作る際、冷凍のまま必要な量をとり、湯が入った鍋やフライパンに入れて加熱する。

ブロッコリー

冷凍ストック方法
ブロッコリーは洗って小房にわけ、塩少々と水大さじ2を入れてふんわりとラップをし、600Wの電子レンジで2分30秒加熱する。粗熱をとってから密封保存袋に入れ、軽く空気を抜きながら封を閉じ、冷凍庫に入れる。

使用例 使用する分だけラップに包み、電子レンジの解凍モードで解凍する。または、スープなどを作る際、冷凍のまま必要な量をとり、湯が入った鍋に入れて加熱する。

ピーマン

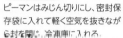

冷凍ストック方法
ピーマンはみじん切りにし、密封保存袋に入れて軽く空気を抜きながら封を閉じ、冷凍庫に入れる。

使用例 炒めものなどを作る際、必要な分をとり出し、そのままフライパンに入れて加熱する。

ごぼう

冷凍ストック方法
ごぼうは細切りにして10分ほど水に浸け、水気を切って密封保存袋に入れて軽く空気を抜きながら封を閉じ、冷凍庫に入れる。

使用例 スープや煮ものなどを作る際、必要な分をとり出し、そのまま湯の入った鍋やフライパンに入れて加熱する。

にんじん
（いちょう切り）

冷凍ストック方法
にんじんはいちょう切りにし、密封保存袋に入れて軽く空気を抜きながら封を閉じ、冷凍庫に入れる。

使用例 スープや炒めものなどを作る際、必要な分をとり出し、そのまま湯の入った鍋やフライパンに入れて加熱する。

にんじん
（細切り）

冷凍ストック方法
にんじんは細切りにし、密封保存袋に入れて軽く空気を抜きながら封を閉じ、冷凍庫に入れる。

使用例 スープや炒めものを作る際、必要な分をとり出し、そのまま湯の入った鍋やフライパンに入れて加熱する。

カットした食材は、密封保存袋に薄く平らに入れると、凍ってから必要な量をポキッと折って使えるので便利です。

下味冷凍レシピ

お肉にしょうゆやみそなどの下味をつけて冷凍すると、味が染みておいしさがアップ! 食べるときは焼くだけでいいなど調理の手間も省けるので、忙しい日に大活躍してくれます。

✴ 解凍方法

下味冷凍した食材は、食べる日の朝に冷蔵庫に移して庫内で解凍するか、電子レンジの解凍モードで解凍してください。

しっかり味が染みて衣サクサクお肉ジューシー!

唐揚げ

材料 (大人2〜3食分+子ども4食分)

子ども用
鶏もも肉 … 3/5 枚 (160g)
A しょうゆ … 小さじ 1
　塩 … ひとつまみ
　酒 … 小さじ 1
片栗粉 … 大さじ 3

大人用
鶏もも肉 … 1と2/5 枚 (340g)
B しょうゆ … 大さじ 1と1/2
　塩 … ふたつまみ
　にんにく (チューブ) … 2cm
　しょうが (チューブ) … 2cm
　酒 … 小さじ 1
片栗粉 … 大さじ 5

揚げ油 … 適量

下味冷凍の作り方

1 鶏肉は子ども用を20gほど×8個に切りわけ、大人用は食べやすい大きさに切る。
2 密封保存袋を2枚用意し、それぞれに1とA、Bを入れてもみ、空気を抜きながら封を閉じ、冷凍庫に入れる。

食べるとき

解凍後、大人用と子ども用それぞれの材料に片栗粉をしっかりまぶし、揚げ油で別々に揚げる。

中まで火が通ったらバットにあげる。子ども用はキッチンバサミで食べやすい大きさに切る。

豚のしょうが焼き

材料 (大人2食分+子ども2食分)

豚ロース薄切り肉 (または
　豚こま切れ肉でも可) … 300g
玉ねぎ … 3/4 個 (150g)
A しょうゆ … 大さじ 1
　酒 … 大さじ 1
　みりん … 大さじ 1
　しょうが (チューブ) … 2cm
ごま油 … 適量
小ねぎ … 適宜

追加調味料
しょうゆ … 小さじ 2
砂糖 … 小さじ 1/2
しょうが (チューブ) … 2cm
にんにく (チューブ) … 2cm

下味冷凍の作り方

1 玉ねぎは薄切りに、豚肉は4〜5cm幅に切る。
2 密封保存袋に1とAを入れてもみ、空気を抜きながら封を閉じ、冷凍庫に入れる。

食べるとき

解凍後、ごま油をひいたフライパンに入れて炒める。

ココでとりわけ!

火が通ったら子ども用50g×2食分をとりわけ、食べやすい大きさに切る。大人用2食分は追加調味料を入れて煮詰め、器に盛ってお好みで小口切りにした小ねぎをのせる。

漬け込むことでお肉ふっくら玉ねぎもとろとろに

お肉柔らかで牛肉デビューに最適！

牛丼

材料 （大人2食分+子ども2食分）

牛薄切り肉 … 300g
玉ねぎ … 3/4個（150g）
A しょうゆ … 大さじ1
 酒 … 大さじ2
 みりん … 大さじ2
 砂糖 … 小さじ2
水 … 200ml
ごま油 … 適量
小ねぎ … 適宜

追加調味料
しょうゆ … 小さじ2
砂糖 … 小さじ1

下味冷凍の作り方

1 玉ねぎは薄切りに、牛肉は4～5cm幅に切る。
2 密封保存袋に1とAを入れてもみ、空気を抜いて封を閉じ、冷凍庫に入れる。

食べるとき

① 解凍後、フライパンにごま油をひき、袋の中身と水を入れて火にかける。ぐつぐつしたら弱めの中火にし、途中アクをとりながら煮込む。

② 煮汁が少なくなってきたら子ども用50gほど×2食分をとりわけ、牛肉を食べやすい大きさに切る。大人用2食分は残りのフライパンに追加調味料を入れ、弱めの中火で2分ほど煮て、それぞれ小口切りにした小ねぎをのせる。

オーブングリル

材料 （大人2食分+子ども2食分）

鶏もも肉 … 1と1/4枚（320g）
ピーマン … 2個（70g）
マッシュルーム … 2～3個（20～30g）
ブロッコリー … 6～7房（100g）
グリーンアスパラガス … 2本（40g）
なす … 1本（80g）
A オリーブオイル
 … 大さじ1と1/2
 塩 … 小さじ2/3

追加調味料
塩 … 適宜
ブラックペッパー
 … 適宜

下味冷凍の作り方

1 鶏肉は4cm角、ピーマンは縦に4等分、マッシュルームは4等分にそれぞれ切る。ブロッコリーは小房にわける。アスパラガスは4等分に切り、なすは1cm幅の輪切りにする。
2 密封保存袋に1とAを入れて全体になじませ、空気を抜いて封を閉じ、冷凍庫に入れる。

食べるとき

① 解凍後、天板にオーブンシートを敷いて袋の中身を重ならないように広げる。

② 予熱はせずに、210℃のオーブンで20分ほど焼く。子ども用は鶏肉40gほど×2食分と野菜を適量とりわけ、食べやすい大きさに切る。残りの大人用2食分は、お好みで追加調味料をかける。

たっぷり野菜がすぐとれる忙しい日の救世主

Point

野菜はズッキーニ、トマト、パプリカ、にんじんなどでもおいしく作れます。

ピーマンの肉詰め

便利な肉ダネをピーマンの肉詰めにアレンジ！

材料 （大人2食分+子ども4食分）

牛豚合いびき肉 … 300g
ピーマン … 8～10個（280～350g）
玉ねぎ … 1/2個（100g）
A パン粉 … 大さじ3
 牛乳 … 大さじ3
 卵（または豆腐50gでも可）… 1個
 コンソメ（顆粒）… 小さじ1/2
 塩 … 小さじ1/2
 トマトケチャップ … 小さじ2
薄力粉 … 適量
サラダ油 … 適量

トマトケチャップ … 適量

食べるとき

① ピーマンは2cm幅の輪切りにし、薄力粉をまぶす。

② 解凍後、密封保存袋の端を切り、肉ダネをピーマンの中にたっぷりめにしぼり出して手で形を整え、サラダ油をひいたフライパンに並べて焼く。

③ 焼き目がついたら1/3浸かるほどの水（分量外）を入れてフタをして、弱めの中火で8～10分蒸し焼きにする。子ども用2個×4食分はトマトケチャップをかけ、大人用2食分にはP.22の野菜たっぷり！定番ハンバーグの大人用ソースをかける。

下味冷凍の作り方

1 玉ねぎはみじん切りにする。
2 密封保存袋に1、ひき肉、Aを入れてよく混ぜ、空気を抜いて封を閉じ、冷凍庫に入れる。

Point

ハンバーグにする場合は、肉ダネを子ども用1個60gほど×2食分、大人用2食分は残りを半量ずつに分けて成形して焼きます（作り方はP.22を参照）。

しっとりコク旨
子ども用は
ポン酢控えめで

ぶりのバターポン酢

材料 （大人2食分＋子ども2食分）

ぶり … 3 切れ (240g)
A ポン酢しょうゆ … 小さじ 2
　酒 … 大さじ 1
　塩 … ひとつまみ
バター … 5g

バタポンソース
バター … 3g
ポン酢しょうゆ … 小さじ 2

食べるとき

解凍後、フライパンにバターを熱してぶりを並べ、両面焼いて火を通す。

下準備で半分に切った子ども用1/2切れ×2食分をとりわけ、残りの大人用2食分に**バタポンソース**の材料を入れて煮絡める。

休日の下準備

1　子ども用にぶり1切れを半分に切り、キッチンペーパーでぶりの水気をふきとる。
2　密封保存袋に1とAを入れてよくなじませ、空気を抜きながら封を閉じ、冷凍庫に入れる。

鮭のちゃんちゃん焼き

材料 （大人2食分＋子ども2食分）

生鮭 … 3 切れ (240g)
えのきたけ
　（またはしめじでも可） … 1袋 (100g)
にんじん … 1/3 本 (50g)
A みそ … 大さじ 1 と 1/2
　みりん … 大さじ 1
　酒 … 大さじ 1　　**追加調味料**
　砂糖 … 小さじ 1　　しょうゆ
バター … 16g　　　　 … 小さじ 1

休日の下準備

1　子ども用に鮭1切れを半分に切る。えのきたけは石づきを落として3等分の長さに切り、にんじんは細切りにする。Aは混ぜ合わせる。
2　密封保存袋にバター、**追加調味料**以外の材料を入れて混ぜ、空気を抜きながら封を閉め、冷凍庫に入れる。

食べるとき

解凍後、ホイルに鮭を1切れずつのせ、その上に具材を1/4ほどずつのせる。子ども用は3gずつ、大人用は5gずつバターをのせ、大人用のみしょうゆを小さじ1/2ずつ垂らす。

①のホイルをしっかりと閉じてフライパンに並べ、1/3ほど浸かるくらいの水（分量外）を入れ、フタをして15〜20分蒸し焼きにする。

きのこの旨味でおいしさアップ。
他の野菜をプラスしてもOK

鯛のレモンクリーム煮

まろやかな酸味が
口の中に広がる
爽やかな味わい

材料 （大人2食分＋子ども2食分）

鯛 … 3 切れ (240g)　　**追加調味料**
しめじ … 4/5 パック (80g)　コンソメ（顆粒）
玉ねぎ … 1/2 個 (100g)　　… 小さじ 1/2
レモン … 1 個 (120g)　　　塩・こしょう … 各適量
A 塩 … 小さじ 1/2
　コンソメ（顆粒） … 小さじ 1/2
　レモン汁 … 大さじ 1/2
オリーブオイル … 大さじ 1
牛乳 … 大さじ 2

食べるとき

解凍後、フライパンにオリーブオイルをひき、鯛を皮目を下にして焼き、皮に焼き目がついたらひっくり返す。

残りの具材を入れてフタをし、弱火で5〜6分蒸し焼きにする。牛乳を加えてひと煮立ちしたら子ども用1/2切れ×2食分をとりわけ、大人用2食分は残りのフライパンに**追加調味料**を入れてなじませる。

休日の下準備

1　子ども用に鯛1切れを半分に切りわける。玉ねぎは薄切りにし、しめじは石づきを落としてほぐす。レモンは0.5cm幅の輪切りを4枚切り、残りはしぼってレモン汁にする。
2　密封保存袋に大人用の鯛、1、Aを入れて混ぜ、空気を抜きながら封を閉じ、冷凍庫に入れる。

Part 2

ひと品でお腹がしっかり満たされる！

親子で食べられる

主食レシピ

「今日は献立を考えるのが面倒だな……」というときは、
オムライスやカレー、パスタやうどんといった料理が大活躍！
パパッと手軽に作れるものばかりなので、
お昼や忙しい日の夕食にもおすすめです。

卵の作りわけで
大人も子どもも
大満足の
ひと品に！

おすすめ献立例

P.72
ふわふわ卵の
オムライス

P.141
もやしスープ

保存方法　1食分ずつ耐熱密封容器に入れて冷蔵する。

食べるとき　**子ども用**：600Wの電子レンジで40〜50秒ほど加熱する。
冷たかったら10〜20秒ずつ加熱を追加。
大人用：600Wの電子レンジで1分30秒〜2分加熱する。
冷たかったら10〜20秒ずつ加熱を追加。

卵を半熟で食べたい場合は、大人
用は食べるときに作るのがおすす
めです。

ふわふわ卵の オムライス

材料 (大人2食分+子ども2食分)

ごはん … 400g
鶏もも肉 … 1/3 枚 (80g)
玉ねぎ … 1/4 個 (50g)
にんじん … 1/5 本 (30g)
ピーマン … 1/3 個 (10g)
A トマトケチャップ … 大さじ 2
コンソメ (顆粒) … 小さじ 1/2
砂糖 … 小さじ 1/2
塩 … ひとつまみ

B 卵 … 1 個
水 … 大さじ 1
塩 … 少々
C 卵 … 3 〜 4 個
水 … 大さじ 2
塩 … ひとつまみ
バター … 25g
米油(またはサラダ油でも可)
… 適量
ドライパセリ … 適宜
トマトケチャップ … 適宜

追加調味料

トマトケチャップ … 大さじ 1
コンソメ (顆粒) … 小さじ 1/2
塩 … 少々

下準備

1 玉ねぎ、にんじん、ピーマンはみじん切りにする。
2 鶏肉は1cmの角切りにする。

作り方

フライパンに米油をひき、玉ねぎ、にんじん、ピーマンを入れて炒め、しんなりとしたら鶏肉を加えて、肉に火を通す。

①に**A**を入れて弱火で1分ほど炒める。

②にごはんを入れて全体をなじませる。

ココでとりわけ!

子ども用90gほど×2食分をとりわける。大人用2食分は残りのフライパンに**追加調味料**を入れて再度炒め合わせ、それぞれ器に盛る。

きれいにした④のフライパンにバター5gを入れて火にかけ、混ぜ合わせた**B**を入れて炒り卵を作る。子ども用の器に半量ずつのせ、お好みでパセリを散らす。

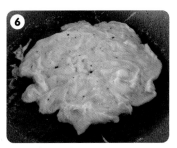

フライパンにバター10gを入れて火にかけ、混ぜ合わせた**C**を半量入れて半熟卵を作り、大人用の器にのせる。残りも同様に焼いてもうひとつ作り、お好みでトマトケチャップをかける。

炊飯器で えびピラフ

材料 （大人2食分＋子ども2食分）

- 米 … 1と1/2合
- えび（殻つき）… 5尾（140g）
- 玉ねぎ … 1/4個（50g）
- にんじん … 1/3本（50g）
- コーン（水煮）… 50g
- **A** コンソメ（顆粒）… 大さじ1/2
  - 塩 … ひとつまみ
  - 酒 … 大さじ2
- バター … 10g
- パセリ … 適宜

追加調味料
- 塩 … ふたつまみ

下準備

1 えびは殻と背ワタをとり、よく洗って1.5cm幅に切る。
2 玉ねぎはみじん切りに、にんじんは0.5cmの角切りにする。

切って炊飯器に入れるだけ！えびの旨味たっぷり♪

作り方

① 炊飯器（5.5合炊きを使用）に研いだ米と**A**を入れ、1.5合の線まで水（分量外）を入れ、その上にえび（玉ねぎ、にんじん、コーンをのせて普通炊飯する。

② 炊き上がったらバターを入れて混ぜる。

ココでとりわけ！

③ 子ども用に120gほど×2食分をとりわけ、大人用2食分は残りに塩を入れて混ぜ合わせる。お好みで子ども用にはパセリを刻んで散らし、大人用には添える。

保存方法 1食分ずつラップに包んで冷凍する。

食べるとき **子ども用：**600Wの電子レンジで1分ほど加熱する。冷たかったら10〜20秒ずつ加熱を追加。
大人用：600Wの電子レンジで2分〜2分30秒加熱する。冷たかったら10〜20秒ずつ加熱を追加。

おすすめ献立例

P.74 炊飯器でえびピラフ

P.140 コンソメスープ

材料を炊飯器に入れて炊くだけなので、とってもかんたん。炊いている間に他のおかずを作れば効率よく調理することができます。

🍴 しらすチャーハン

しょうゆとごま油の香りで食欲アップ！カルシウムもしっかりとれる

材料（大人2食分+子ども2食分）

ごはん … 500g
しらす干し … 50g
長ねぎ … 3/10本（30g）
小松菜 … 1/6束（50g）
卵 … 1個
塩 … ひとつまみ
A 鶏がらスープの素（顆粒）… 大さじ1/2
　しょうゆ … 小さじ1
ごま油 … 小さじ1

追加調味料
鶏がらスープの素（顆粒）… 小さじ1
しょうゆ … 小さじ1
ごま油 … 小さじ1

下準備
長ねぎと小松菜はみじん切りにする。

作り方

1 フライパンにごま油をひいて火にかけ、長ねぎ、小松菜、塩を入れて炒める。

2 ①に卵を溶き入れ、ごはんを加えて炒め合わせる。

3 ②に**A**を入れて混ぜ合わせる。

ココでとりわけ！
4 ③にしらすを加えてさらに混ぜ、子ども用に110gほど×2食分をとりわける。

5 大人用2食分は、④の残りに**追加調味料**を入れて炒め合わせる（しょうゆとごま油は鍋肌からまわし入れる）。

保存方法 1食分ずつラップに包んで冷凍する。

食べるとき **子ども用：**600Wの電子レンジで1分ほど加熱する。冷たかったら10〜20秒ずつ加熱を追加。
大人用：600Wの電子レンジで2分〜2分30秒加熱する。冷たかったら10〜20秒ずつ加熱を追加。

おすすめ献立例

(P.75) しらすチャーハン

(P.144) 豚肉と白菜のごまみそスープ

小松菜はしっかりと炒めることで苦みが抑えられ、子どもでも食べやすくなりますよ。

🍴 鶏五目炊き込みごはん

材料 （大人2食分+子ども2食分）

米 … 1と1/2合
鶏もも肉 … 1/2枚（120g）
ごぼう … 1/3本（50g）
にんじん … 1/5本（30g）
しいたけ … 1個（20g）
A めんつゆ（3倍濃縮）… 大さじ1
　みりん … 大さじ1
　酒 … 大さじ1
塩 … ひとつまみ

追加調味料
塩 … ふたつまみ

下準備

1 ごぼう、にんじんは4cm長さの細切りに、しいたけは軸を切り落とし粗みじん切りにする。
2 鶏肉は1cmの角切りにする。

お肉も野菜も
とれて、忙しい日は
これさえ
あればOK！

作り方

鶏肉は塩をふって下味をつける。

炊飯器（5.5合炊きを使用）に研いだ米と**A**を入れ、1.5合の線まで水（分量外）を入れる。

②に、にんじん、ごぼう、しいたけ、鶏肉を入れて普通炊飯する。

ココでとりわけ！

子ども用は120gほど×2食分をとりわける。大人用2食分は、残りに塩を加えて混ぜ合わせる。

保存方法 1食分ずつラップに包んで冷凍する。

食べるとき **子ども用：**600Wの電子レンジで1分ほど加熱する。冷たかったら10〜20秒ずつ加熱を追加。
大人用：600Wの電子レンジで2分〜2分30秒加熱する。冷たかったら10〜20秒ずつ加熱を追加。

おすすめ献立例

P.76
鶏五目
炊き込みごはん

P.142
豆腐と
わかめのみそ汁

親子丼

材料（大人2食分+子ども2食分）

ごはん … 500g
鶏もも肉 … 1枚（240g）
玉ねぎ … 1/2個（100g）
卵 … 2個
A 水 … 150ml
　しょうゆ … 大さじ1
　みりん … 大さじ1
　酒 … 大さじ2
　砂糖 … 小さじ1
小ねぎ … 適宜

追加調味料

しょうゆ … 小さじ2
塩 … 少々
砂糖 … 小さじ1

下準備

1 玉ねぎは薄切りに、鶏肉は2～3cmの角切りにする。
2 ごはんは子ども用80gほど×2食分、大人用2食分は残りを半量ずつ茶碗に盛る。

子ども用の卵は
しっかり加熱！
大人用はとろとろ
卵が楽しめる

作り方

保存方法 ごはん以外の具材のみ1食分ずつ耐熱保存容器に入れ、冷蔵する。

食べるとき **子ども用：**600Wの電子レンジで40秒ほど加熱する。冷たかったら10～20秒ずつ加熱を追加。
大人用：600Wの電子レンジで1分～1分30秒加熱する。冷たかったら10～20秒ずつ加熱を追加。

フライパンに玉ねぎ、鶏肉、合わせた**A**を入れて火にかけ、ぐつぐつしたら弱めの中火で鶏肉に火を通す。

卵は軽く溶きほぐし、❶に半量を入れてフタをし、弱火で2分ほど加熱して卵に完全に火を通す。

おすすめ献立例

P.77
親子丼

P.141
ほうれん草の
すまし汁

ココで
とりわけ！

子ども用は汁込みで60gほど×2食分をとりわけ、大人用は残りのフライパンに**追加調味料**を加えて軽く混ぜ、残りの溶き卵を加えてフタをし、再度30秒ほど加熱する。

それぞれ茶碗に盛ったごはんの上にのせ、お好みで小口切りにした小ねぎをのせる。

卵は混ぜすぎないほうが、ふんわりと仕上がります。卵を2歳までの子どもに与える場合、冷蔵保存をする際には完全に火を通しましょう。

🍴 鯛めし

旨味たっぷりの
鯛めしが
炊飯器で
パパッとできる

材料 （大人2食分+子ども2食分）

米 … 2合
鯛 … 2切れ（160g）
A しょうゆ … 大さじ 1/2
　酒 … 大さじ 1
　みりん … 大さじ 1
　塩 … 小さじ 1/2
昆布 … 10cm
青のり … 適宜
大葉 … 適宜

追加調味料
塩 … ふたつまみ

下準備

鯛は水でさっと洗い、血合いなどがある場合はとり除いてキッチン
ペーパーで水気をふきとる。

作り方

① 炊飯器（5.5合炊きを使用）に研いた米と**A**を入れる。

② ①に2合目の線まで水（分量外）を入れ、鯛、昆布を入れて普通炊飯する。

③ 炊き上がったら昆布と鯛をとり出し、鯛は骨と皮をとってほぐす。

④ 鯛をお釜に戻して混ぜ合わせ、子ども用110gほど×2食分をとりわける。

ココで
とりわけ！

⑤ 大人用2食分は、残りのお釜に塩を入れて混ぜる。お好みで子ども用には青のり、大人用にはせん切りにした大葉をのせる。

保存方法　1食分ずつラップに包んで冷凍する。

食べるとき　**子ども用：**600Wの電子レンジで1分ほど加熱する。冷たかったら10
〜20秒ずつ加熱を追加。
大人用：600Wの電子レンジで2分〜2分30秒加熱する。冷たかった
ら10〜20秒ずつ加熱を追加。

おすすめ献立例

P.78
鯛めし

P.142
豆腐と
わかめのみそ汁

🍴 鮭コーンバターごはん

材料 (大人2食分+子ども2食分)

米 … 1と1/2合
銀鮭(甘口) … 2切れ (160g)
コーン(水煮) … 50g
酒 … 大さじ2
バター… 10g
刻みのり … 適宜

追加調味料
しょうゆ … 小さじ1/2
塩 … ひとつまみ
バター… 5g

主食レシピ ごはん

香ばしくって繰り返し
食べたくなる味。
彩り鮮やかで
お弁当にもピッタリ!

作り方

保存方法 1食分ずつラップに包んで冷凍する。

食べるとき **子ども用:** 600Wの電子レンジで1分ほど加熱する。冷たかったら10～20秒ずつ加熱を追加。
大人用: 600Wの電子レンジで2分～2分30秒加熱する。冷たかったら10～20秒ずつ加熱を追加。

① 炊飯器(5.5合炊きを使用)に研いだ米、酒、1と1/2合の線までの水(分量外)を入れ、その上に鮭、コーンをのせて普通炊飯する。

② 炊き上がったら鮭をとり出し、骨と皮をとってほぐしてお釜に戻し、バターを入れて混ぜる。

おすすめ献立例

P.79
鮭コーンバターごはん

P.137
きのことベーコンの
豆乳チャウダー

ココで
とりわけ!

③ 子ども用100gほど×2食分をとりわけ、大人用2食分は残りに**追加調味料**を入れて混ぜる。器にそれぞれ盛り、お好みで刻みのりをのせる。

🍴 ねぎ塩豚丼

材料 (大人2食分+子ども2食分)

ごはん … 500g
豚肩ロース肉 (しゃぶしゃぶ用) … 300g
長ねぎ … 1本 (100g)
A 酒 … 大さじ1
　　酢 … 小さじ1
　　鶏がらスープの素 (顆粒) … 小さじ1
　　塩 … 小さじ1/4
　　水 … 大さじ2
ごま油 … 適量

追加調味料

塩 … ふたつまみ
にんにく (チューブ) … 2cm
ブラックペッパー … 適宜

下準備

1 豚肉は4cm幅、長ねぎはみじん切りにする。
2 ごはんは子ども用80〜100g×2食分を茶碗に盛り、大人用2食分は残りを半量ずつ盛る。

食べだしたら
止まらない
クセになる味わい

作り方

1
フライパンにごま油をひいて火にかけ、豚肉を焼く。

2
肉の色が変わってきたら長ねぎを入れ、しんなりするまで炒める。

3
②に**A**を入れて、水分がほとんどなくなるまで煮詰める。

4 ココでとりわけ！
子ども用45gほど×2食分をとりわけ、大人用2食分は残りのフライパンに**追加調味料**を入れてなじませ、それぞれごはんを盛った茶碗にかける。

保存方法 ごはん以外の具材のみ1食分ずつラップに包んで冷凍する。

食べるとき **子ども用**: 600Wの電子レンジで40〜50秒加熱する。冷たかったら10〜20秒ずつ加熱を追加。
大人用: 600Wの電子レンジで1分30秒〜2分加熱する。冷たかったら10〜20秒ずつ加熱を追加。

おすすめ献立例

P.80 ねぎ塩豚丼　　　P.142 さつまいものみそ汁

🍴 ビビンバ

火を使わず
電子レンジで完成!
大人用は好きなだけ
辛みをプラス!

材料（大人2食分＋子ども2食分）

ごはん … 500g
牛豚合いびき肉 … 250g
ほうれん草 … 1/2 束（100g）
にんじん … 1/2 本（75g）
もやし … 3/4 袋（150g）
塩 … ひとつまみ
A ごま油 … 大さじ 1/2
　鶏がらスープの素（顆粒）… 小さじ 1/2
　塩 … ふたつまみ
　炒りごま（白）… 小さじ 1
B しょうゆ … 大さじ 1
　酒 … 大さじ 2
　砂糖 … 小さじ 1
　にんにく（チューブ）… 3cm
　ごま油 … 小さじ 1/2

追加調味料

糸唐辛子 … 適宜
コチュジャン … 適宜

下準備

1 にんじんは4cm長さの細切りにする。
2 ごはんは子ども用80～100g×2食分を茶碗に盛り、大人用2食分は残りを半量ずつ盛る。

作り方

① もやしは洗って耐熱ボウルに入れ、にんじん、塩を加えてふんわりとラップをし、600Wの電子レンジで4分ほど加熱し、粗熱をとってぎゅっと水気をしぼる。

② ほうれん草は洗ってラップに包み、600Wの電子レンジで2分ほど加熱後、水にさらして水気をしぼり、3cm幅に切る。

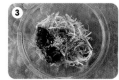

③ ①に②とAを入れて混ぜる。

④ 別のボウルにひき肉とBを入れてふんわりとラップをし、600Wの電子レンジで2分ほど加熱して混ぜる。これをもう一度くり返す。

ココでとりわけ!

⑤ ラップを外してさらに1分30秒ほど加熱し、子ども用は肉そぼろを40gほど×2食分をとりわける。大人用2食分は残りを半量ずつにわける。

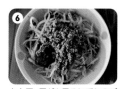

⑥ 大人用、子ども用それぞれのごはんを盛った茶碗に③（子ども用、大人用それぞれ適量）と⑤をのせる。大人用はお好みで**追加調味料**を添える。

保存方法 ごはん以外の肉そぼろ、野菜をそれぞれ1食分ずつラップに包んで冷蔵する。

食べるとき **子ども用**：肉そぼろは600Wの電子レンジで30秒ほど加熱する。冷たかったら10～20秒ずつ加熱を追加。野菜は加熱せずそのまま食べる。
大人用：肉そぼろは600Wの電子レンジで1分ほど加熱する。冷たかったら10～20秒ずつ加熱を追加。野菜は加熱せずそのまま食べる。

おすすめ献立例

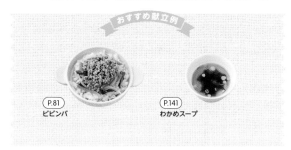

P.81
ビビンバ

P.141
わかめスープ

辛いのが苦手な方は、コチュジャンの代わりにしょうゆを少量かけるのがおすすめです。

子どもといっしょに
おうちエスニック!
辛い料理が食べられ
大人も大満足!

🍴鶏ひき肉で作る
お手軽ガパオ風ライス

材料 （大人2食分＋子ども2食分）

ごはん … 500g
鶏ひき肉 … 300g
玉ねぎ … 1/2個（100g）
ピーマン … 1個（35g）
赤パプリカ … 1/3個（50g）
卵 … 3個
A しょうゆ … 小さじ1
　 オイスターソース … 小さじ1
　 砂糖 … 小さじ1/2
　 鶏がらスープの素（顆粒）… 小さじ1/2
塩 … 少々
ごま油 … 適量

追加調味料

ナンプラー（またはしょうゆでも可）… 大さじ1/2
鶏がらスープの素（顆粒）… 小さじ1/2
塩 … ひとつまみ
一味唐辛子（または鷹の爪でも可）… 適宜

下準備

1 玉ねぎ、ピーマン、パプリカはみじん切りにする。
2 卵2個で目玉焼きを作り、残り1個でゆで卵を作る。
3 ごはんは子ども用80〜100g×2食分を皿に盛り、大人用2
　食分は残りを半量ずつ盛る。

(保存方法) 卵、ごはん以外の具材のみ1食分ずつラップに包んで冷凍する。卵は食べる直前に調理する。

(食べるとき) **子ども用：**600Wの電子レンジで40秒ほど加熱する。冷たかったら10〜20秒ずつ加熱を追加。
大人用：600Wの電子レンジで1分30秒〜2分加熱する。冷たかったら10〜20秒ずつ加熱を追加。

おすすめ献立例

P.82
鶏ひき肉で作る
お手軽ガパオ風ライス

P.124
ほうれん草と
にんじんのナムル

作り方

① フライパンにごま油をひき、玉ねぎ、ピーマン、パプリカ、塩を入れ、しんなりとするまで炒める。

② ①にひき肉を入れて、色が変わるまで炒める。

ココでとりわけ！

③ Aを入れて水分が飛ぶまで炒める。子ども用40gほど×2食分をとりわけ、皿に盛ったごはんにかけてゆで卵をのせる。

④ 大人用2食分は残りの③に**追加調味料**を入れて炒め合わせ、皿に盛ったごはんにかけ、目玉焼きをのせる。

具だくさんの中華丼

野菜がたくさん食べられる栄養満点主食レシピ！

材料 （大人2食分＋子ども2食分）

ごはん … 500g
豚ロース薄切り肉 … 200g
白菜 … 1/10 株 (200g)
にんじん … 1/3 本 (50g)
小松菜 … 1/2 束 (150g)
しいたけ … 1 個 (20g)
うずらの卵 (水煮) … 6 個
塩 … ひとつまみ
A 水 … 360ml
　酒 … 大さじ 1
　鶏がらスープの素 (顆粒) … 小さじ 1
　オイスターソース … 小さじ 1
　しょうゆ … 小さじ 2
　砂糖 … 小さじ 1
　片栗粉 … 大さじ 1
ごま油 … 適量

追加調味料
鶏がらスープの素 (顆粒) … 大さじ 1/2
オイスターソース … 小さじ 1
塩 … ひとつまみ
ごま油 … 少々

下準備

1 にんじんは0.5cm幅のいちょう切り、しいたけは薄切り、小松菜と白菜の葉は3cm幅、白菜の芯の部分は削ぎ切りにする。豚肉は3cm幅に切る。
2 ごはんは子ども用80〜100g×2食分を茶碗に盛り、大人用2食分は残りを半量ずつ盛る。

保存方法 うずらの卵、ごはん以外の具材のみ、1食分ずつ耐熱密封容器に入れて冷蔵する。

食べるとき 子ども用：600Wの電子レンジで40〜50秒加熱する。冷たかったら10〜20秒ずつ加熱を追加。
大人用：600Wの電子レンジで1分30秒〜2分加熱する。冷たかったら10〜20秒ずつ加熱を追加。

作り方

① フライパンにごま油をひいて火にかけ、豚肉と塩を入れて肉の色が変わるまで炒める。

② ①ににんじんとしいたけを入れ、2〜3分炒める。

③ ②に小松菜と白菜の葉と芯を入れ、しんなりするまで炒める。

ココでとりわけ！

④ ③に合わせたAとうずらの卵を入れ、とろみがついたら子ども用100gほど×2食分をとりわけ、うずらは1/4ほどに切る。

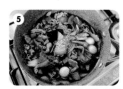

⑤ 大人用2食分は残りの④に**追加調味料**を入れて混ぜる。それぞれ茶碗に盛ったごはんにかける。

おすすめ献立例

(P.84) 具だくさんの中華丼　　(P.141) もやしスープ

うずらの卵をそのまま子どもに与えると誤えんの危険性があるので、必ず1/4ほどに切ってから与えましょう。また、うずらの卵は電子レンジで加熱すると破裂するおそれがあるので、冷蔵する場合は抜いてください。

🍴 麻婆豆腐丼

子どもは甘め、大人は辛めの本格麻婆豆腐が食べられる

材料 （大人2食分＋子ども2食分）

ごはん … 500g
牛豚合いびき肉 … 200g
長ねぎ … 1/2 本（50g）
絹ごし豆腐 … 1 丁（300g）
塩 … ひとつまみ
A 水 … 260ml
　酒 … 大さじ 2
　しょうゆ … 小さじ 2
　みそ … 小さじ 2
　鶏がらスープの素（顆粒）… 小さじ 1/2
水溶き片栗粉 … 片栗粉大さじ 1＋水大さじ 2
ごま油 … 適量

追加調味料
しょうゆ … 小さじ 1
鶏がらスープの素（顆粒）… 小さじ 1
ごま油 … 小さじ 1
塩 … ふたつまみ
豆板醤 … 小さじ 1
砂糖 … 小さじ 1/2
にんにく（チューブ）… 3cm

下準備

1 長ねぎはみじん切りにする。豆腐は2cmの角切りにする。
2 ごはんは子ども用80〜100g×2食分を茶碗に盛り、大人用2食分は残りを半量ずつ盛る。

作り方

1 フライパンにごま油をひいて火にかけ、長ねぎを入れてしんなりするまで炒める。

2 ①にひき肉と塩を入れ、肉の色が変わるまで炒める。

3 ②に混ぜ合わせた**A**を入れ、ぐつぐつしたら豆腐を加えて2分ほど煮込む。

ココでとりわけ！

4 ③に水溶き片栗粉を入れてとろみをつけ、子ども用100gほど×2食分をとりわける。

5 大人用2食分は残りの④に**追加調味料**を入れ、全体になじませる。それぞれ茶碗に盛ったごはんにかける。

保存方法 ごはん以外の具材のみ1食分ずつ耐熱密封容器に入れて冷蔵する。

食べるとき **子ども用：**600Wの電子レンジで30秒ほど加熱する。冷たかったら10〜20秒ずつ加熱を追加。
大人用：600Wの電子レンジで1分30秒ほど加熱する。冷たかったら10〜20秒ずつ加熱を追加。

おすすめ献立例

P.85　麻婆豆腐丼　　　　P.141　わかめスープ

大人用に入れる豆板醤は、辛い料理が苦手な人は入れなくてもおいしく食べられます。

炊飯器で作る さっぱりカオマンガイ

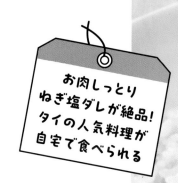

お肉しっとり
ねぎ塩ダレが絶品!
タイの人気料理が
自宅で食べられる

材料 (大人2食分+子ども2食分)

米 … 1と1/2合
鶏もも肉 … 2枚 (500g)
塩 … ふたつまみ
A にんにく (チューブ) … 3cm
　鶏がらスープの素 (顆粒) … 小さじ2
　酒 … 大さじ2
長ねぎの青い部分 … 1本分

カオマンガイのタレ

長ねぎ … 1/2本 (50g)
しょうゆ … 小さじ2
ナンプラー … 小さじ2
酢 … 小さじ2
ごま油 … 小さじ1
砂糖 … 小さじ1

下準備

1 鶏肉は塩をふり、下味をつける。
2 カオマンガイのタレ用の長ねぎ1/2本は、みじん切りにする。

作り方

① 炊飯器 (5.5合炊きを使用) に研いだ米とAを入れる。1.5合の線まで水 (分量外) を入れ、上に鶏肉と長ねぎの青い部分を入れて普通炊飯する。

② 炊飯している間に耐熱ボウルに**カオマンガイのタレ**の材料を入れ、600Wの電子レンジで1分ほど加熱する。

③ 炊き上がったら鶏肉と長ねぎの青い部分をとり出し、鶏肉を食べやすい大きさに切る。

ココでとりわけ!

④ 子ども用の肉を40gほど×2食分にとりわけ、ごはん80〜100g×2食分を盛った器にのせる。

⑤ 大人用2食分は、残りのごはんを半量ずつ盛った器に肉を半量ずつのせ、②のタレをかける。

保存方法 チキン、ごはんはタレと別々に分け、1食分ずつ耐熱密封容器に入れて冷凍する。タレは器に盛り、ラップをかけて冷蔵する。

食べるとき **子ども用:** 600Wの電子レンジで1分ほど加熱する。冷たかったら10～20秒ずつ加熱を追加。

大人用: タレ以外を600Wの電子レンジで2分～2分30秒加熱する。冷たかったら10～20秒ずつ加熱を追加。タレは温めず、そのままかける。

お肉には下味をつけているので、子ども用はタレなし、もしくはお好みでしょうゆを少し垂らして与えるのもおすすめです。

おすすめ献立例

P.86
炊飯器で作る
さっぱりカオマンガイ

P.141
もやしスープ

さば缶キーマカレー

材料 (大人2食分+子ども2食分)

ごはん … 500g
さば（水煮缶）… 1缶（190g）
玉ねぎ … 1個（200g）
にんじん … 1本（150g）
カットトマト（缶詰）… 1缶（400g）
トマトケチャップ … 大さじ1
カレールー（甘口）… 60g
オリーブオイル … 適量

追加調味料

カイエンペッパー
　（またはガラムマサラでも可）… 適量

下準備

1　玉ねぎ、にんじんはみじん切りにする。
2　ごはんは子ども用80〜100g×2食分を皿に盛り、大人用2食分は残りを半量ずつ盛る。

さばの栄養を丸ごと摂取！さばが苦手でも食べやすい♪

作り方

①鍋にオリーブオイルをひいて火にかけ、玉ねぎとにんじんを入れてしんなりするまで炒める。

②さば（汁ごと）、カットトマト（汁ごと）、トマトケチャップを入れ、沸騰したら弱火で10分ほど煮込む。

ココでとりわけ！

③②にカレールーを溶かし入れ、弱火でさらに5分ほど煮込む。子ども用は1/6ほど×2食分をとりわけ、皿に盛ったごはんにかける。

④大人用2食分は、残りを半量ずつ皿に盛ったごはんにかける。食べるときにカイエンペッパーをかけて辛さを調節する。

保存方法　ごはん以外の具材のみ1食分ずつ耐熱密封容器に入れて冷凍する。

食べるとき　**子ども用**：600Wの電子レンジで1分ほど加熱する。冷たかったら10〜20秒ずつ加熱を追加。
　大人用：600Wの電子レンジで2分〜2分30秒加熱する。冷たかったら10〜20秒ずつ加熱を追加。

おすすめ献立例

P.88
さば缶
キーマカレー

P.141
わかめスープ

ベースになる市販のカレールーは、お子さまの成長や好みに合わせて選んでください。さば缶の骨は柔らかいのでとり除かなくても問題ありませんが、気になる場合はとり除いてください。

🍴 野菜たっぷりカレーライス

主食で食べられる

材料 (大人2食分+子ども2食分)

ごはん … 500g
豚こま切れ肉 … 150g
玉ねぎ … 1個 (200g)
にんじん … 1本 (150g)
じゃがいも … 2個 (300g)
カットトマト (缶詰) … 1缶 (400g)
カレールー (甘口) … 80g
塩 … 少々
水 … 350ml
米油 (またはサラダ油でも可) … 適量

追加調味料
カイエンペッパー
　(またはガラムマサラでも可) … 適量

下準備

1 豚肉は4cm幅、玉ねぎは薄切りにする。にんじんはすりおろし、じゃがいもは2.5cmの角切りにする。
2 ごはんは子ども用80〜100g×2食分を皿に盛り、大人用2食分は残りを半量ずつ盛る。

ひと品で大満足の具だくさんカレー。トマトの酸味と甘味がおいしさの秘訣

主食レシピ ごはん

作り方

鍋に米油をひいて火にかけ、玉ねぎ、にんじん、塩を入れ、玉ねぎがしんなりするまで炒める。

豚肉を入れて肉の色が変わるまで炒め、カットトマト(汁ごと)、水、じゃがいもを加えて沸騰したらフタをし、弱火で15分ほど煮る。

②にカレールーを溶かし入れ、フタをして10分ほど煮込む。

ココでとりわけ!

子ども用は80gほど×2食分をとりわけ、皿に盛ったごはんにかける。大人用2食分は、残りを半量ずつ皿に盛ったごはんにかける。食べるときにカイエンペッパーをかけて辛さを調節する。

保存方法 ごはん以外の具材のみ1食分ずつ耐熱密封容器に入れて冷蔵する。

食べるとき **子ども用:** 600Wの電子レンジで40秒ほど加熱する。冷たかったら10〜20秒ずつ加熱を追加。
大人用: 600Wの電子レンジで1分20秒〜1分30秒加熱する。冷たかったら10〜20秒ずつ加熱を追加。

おすすめ献立例

P.89
野菜たっぷり
カレーライス

P.141
もやしスープ

ベースになる市販のカレールーは、お子さまの成長や好みに合わせて甘口と中辛を混ぜてもOKです。

参鶏湯風中華粥
（サムゲタン）

材料 （大人2食分+子ども2食分）

米 … 1合
A 鶏手羽中 … 5本 (250g)
　 長ねぎ … 1/2本 (50g)
　 鶏がらスープの素 (顆粒) … 小さじ2
　 塩 … 小さじ1/2
　 しょうが (チューブ) … 3cm
小ねぎ … 適宜

追加調味料
塩 … 適量
ごま油 … 適量
しょうが (チューブ) … 適量
ラー油 … 適宜

下準備
長ねぎは斜め薄切りにする。

ほろほろのお肉と
柔らかごはんで
子どもでも
食べやすいひと品

作り方

1
炊飯器(5.5合炊きを使用)に研いだ米と**A**を入れ、おかゆの1合の線まで水(分量外)を入れたら、おかゆモードで炊飯する。

2
炊き上がったら鶏手羽中をとり出して骨をとってほぐし、お釜に戻す。

3 ココでとりわけ!
子ども用130gほど×2食分をとりわける。残りの大人用2食分は、**追加調味料**の塩で味を調え、ごま油を垂らしてしょうがを混ぜる。器に盛り、お好みでラー油、小口切りにした小ねぎをのせる。

保存方法 1食分ずつ耐熱密閉容器に入れて冷凍する。

食べるとき
子ども用：600Wの電子レンジで1分ほど加熱する。冷たかったら10〜20秒ずつ加熱を追加。
大人用：600Wの電子レンジで2分〜2分30秒加熱する。冷たかったら10〜20秒ずつ加熱を追加。

おすすめ献立例

P.90
参鶏湯風
中華粥

P.146
もやしとほうれん草の
担々スープ

お米は鍋で炊いてもOK。その場合、水は900mlほどを目安に入れます。

🍴 卵雑炊

材料 （大人2食分＋子ども2食分）

ごはん … 360g
卵 … 2個
水 … 420ml
長ねぎ … 1/3本（30g）
A めんつゆ（3倍濃縮）… 大さじ1と1/2
　｜ 塩 … ひとつまみ
小ねぎ … 適宜

追加調味料
塩 … 適宜

下準備

長ねぎはみじん切りにする。

> 食欲がない日は
> これに決まり！
> 調味料2つだけ
> だから作りやすい♪

作り方

①
鍋にごはん、水、長ねぎ、**A**を入れて沸騰させ、弱火にして2分ほど加熱する。

②
卵を溶き入れ、固まってきたらやさしく混ぜて火を止める。

③ ココでとりわけ！
子ども用130gほど×2食分をとりわけ、残りの大人用2食分はお好みで塩を加えて味を調える。器に盛り、お好みで小口切りにした小ねぎをのせる。

保存方法 1食分ずつ耐熱密封容器に入れて冷凍する。

食べるとき **子ども用：**600Wの電子レンジで1分ほど加熱する。冷たかったら10～20秒ずつ加熱を追加。
大人用：600Wの電子レンジで2分～2分30秒加熱する。冷たかったら10～20秒ずつ加熱を追加。

おすすめ献立例

P.91
卵雑炊

P.146
手羽元と
キャベツのスープ

￼ さばみそふりかけごはん

材料 （大人2食分＋子ども4食分）

ごはん … 700g
さば（水煮缶）… 1缶（190g）
長ねぎ … 1/2本（50g）
A 炒りごま（白）… 大さじ1
　│ みそ … 大さじ1
　│ みりん … 大さじ1
　│ 塩 … 少々
ごま油 … 適量

追加調味料
塩 … 適宜

下準備

1 長ねぎはみじん切りにする。
2 ごはんは子ども用80〜100g×4食分を茶碗に盛り、大人用2食分は残りを半量ずつ盛る。

> ごはんがすすむ
> 栄養満点ふりかけ。
> 作りおきにも
> おすすめ

作り方

①
フライパンにごま油をひいて火にかけ、長ねぎを入れてしんなりするまで炒める。

②
①に汁気を切ったさばを入れてほぐし、**A**を加えて水分が飛ぶまで炒める。

③ ココでとりわけ！
子ども用は、ごはんの上に②を20gほど×4食分ずつかける。大人用2食分は残りを半量ずつごはんにかけた後、お好みで塩を加える。

保存方法 ごはん以外のふりかけのみ1食分ずつラップに包んで冷凍する。

食べるとき **子ども用：**600Wの電子レンジで30〜40秒加熱する。冷たかったら10〜20秒ずつ加熱を追加。
大人用：600Wの電子レンジで50秒ほど加熱する。冷たかったら10〜20秒ずつ加熱を追加。

おすすめ献立例

P.92
さばみそ
ふりかけごはん

P.141
ほうれん草の
すまし汁

小松菜とじゃこのふりかけごはん

材料 （大人2食分＋子ども4食分）

ごはん … 700g
小松菜 … 2/3 束（200g）
ちりめんじゃこ（またはしらす干しでも可）
　… 30g
かつお節 … 2g
炒りごま（白）… 小さじ 2
めんつゆ（3倍濃縮）… 小さじ 2
塩 … 少々
ごま油 … 適量

追加調味料
しょうゆ … 適宜

下準備

1 小松菜はみじん切りにする。
2 ごはんは子ども用80～100g×4食分
　を茶碗に盛り、大人用2食分は残りを半
　量ずつ盛る。

しっかり炒めて
小松菜の苦みを
抑え、子どもでも
食べやすく♪

作り方

フライパンにごま油をひいて火
にかけ、小松菜と塩を入れて水
分が飛ぶまでよく炒める。

じゃこ、かつお節、炒りごま、め
んつゆを加えてなじませる。

3 ココで
とりわけ！

子ども用は、ごはんの上に②を
15gほど×4食分ずつかける。
大人用2食分は残りを半量ずつ
ごはんにかけた後、お好みで
しょうゆを加える。

保存方法 ごはん以外のふりかけのみ1食分ずつラップに包んで冷凍する。
食べるとき **子ども用：**600Wの電子レンジで30秒ほど加熱する。冷たかったら10
　　　　　～20秒ずつ加熱を追加。
　　　　　大人用：600Wの電子レンジで40～50秒加熱する。冷たかったら10
　　　　　～20秒ずつ加熱を追加。

おすすめ献立例

P.93
小松菜と
じゃこのふりかけごはん

P.143
落とし卵の
みそ汁

ミートソースパスタ

玉ねぎとにんじんの
甘さが引き立つ
子どもが大好きな
大人気メニュー！

材料 （大人2食分＋子ども2食分）

スパゲティ（乾燥）… 280g
牛豚合いびき肉 … 250g
玉ねぎ … 1個（200g）
にんじん … 1/2個（75g）
にんにく … 1かけ
塩 … 少々
A カットトマト（缶詰）… 1缶（400g）
　トマトケチャップ … 大さじ2
　ウスターソース … 大さじ1
　コンソメ（顆粒）… 小さじ1
　砂糖 … 小さじ1
オリーブオイル … 適量
ドライパセリ … 適宜

追加調味料

トマトケチャップ … 大さじ1
ウスターソース … 大さじ1
砂糖 … 小さじ1
粉チーズ … 適宜

下準備

玉ねぎ、にんじん、にんにくはみじん切りにする。

作り方

1 スパゲティは湯（分量外）で、袋の表示時間通りにゆでる。子ども用90gほど×2食分は食べやすい長さに切り、大人用2食分は残りを半量にわけて器に盛る。

2 フライパンにオリーブオイルをひいて火にかけ、玉ねぎ、にんじん、にんにく、塩を入れて野菜がしんなりするまで炒める。

3 ひき肉を入れて色が変わるまで炒める。

ココでとりわけ！

4 Aを入れて水分が少なくなりもったりするまで煮詰める。①の子ども用のスパゲティの上に70gほど×2食分をかける。

5 大人用2食分は残りの④に粉チーズ以外の**追加調味料**を入れ、弱めの中火で3分ほど炒め、①の大人用のスパゲティの上にかける。お好みで、大人用に粉チーズをかけ、大人用、子ども用の両方にパセリをかける。

保存方法 1食分ずつラップに包む、または耐熱密封容器に入れて冷凍する。

食べるとき **子ども用：**600Wの電子レンジで1分～1分40秒加熱する。冷たかったら10～20秒ずつ加熱を追加。
大人用：600Wの電子レンジで4分～4分20秒加熱する。冷たかったら10～20秒ずつ加熱を追加。

おすすめ献立例

P.94 ミートソースパスタ　　P.140 コンソメスープ

スパゲティのゆで時間を少し長めにすると、柔らかくなり子どもが食べやすくなります。スパゲティを切るときの長さは、幼児食前期で3～4cm、幼児食後期で9～10cmが目安です。

94

鶏とほうれん草の **クリームパスタ**

濃厚クリーミー！
生クリームを使わず
牛乳で手軽に作れ
るのがうれしい♪

材料 (大人2食分+子ども2食分)

スパゲティ（乾燥）… 280g
鶏もも肉 … 1枚（250g）
ほうれん草 … 1/2 束（100g）
薄力粉 … 大さじ 1
牛乳 … 380ml
コンソメ（顆粒）… 小さじ 1
塩 … 小さじ 1/2
バター… 10g

追加調味料
コンソメ（顆粒）… 小さじ 1/2
塩 … ひとつまみ

下準備

1 ほうれん草は洗ってラップに包み、600Wの電子レンジで2分ほど加熱後、水にさらして水気をしぼり、2cm幅に切る。
2 鶏肉は2cmの角切りにする。

作り方

1 スパゲティは湯（分量外）で袋の表示時間より1分ほど短くゆでる。

2 フライパンにバターと鶏肉を入れて火にかけ、肉に火が通るまで炒める。

3 ②にほうれん草と薄力粉を入れ、薄力粉がなじむまで炒める。

4 ③に牛乳、コンソメ、塩を入れて沸騰しないように気をつけながら、1～2分煮る。

ココで
とりわけ！

5 ④にスパゲティを入れて弱火で混ぜ合わせ、具材込みで子ども用150gほど×2食分をとりわけ、食べやすい長さに切る。

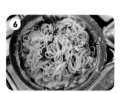

6 大人用2食分は残りのフライパンに**追加調味料**を入れて混ぜ合わせる。

保存方法 1食分ずつラップに包む、または耐熱密封容器に入れて冷凍する。

食べるとき **子ども用：**600Wの電子レンジで1分～1分40秒加熱する。冷たかったら10～20秒ずつ加熱を追加。
大人用：600Wの電子レンジで4分～4分20秒加熱する。冷たかったら10～20秒ずつ加熱を追加。

おすすめ献立例

P.95
鶏とほうれん草の
クリームパスタ

P.136
トマトと卵のスープ

きのこの和風パスタ

しめじとツナの旨味が凝縮された奥深い味わい

材料 （大人2食分＋子ども2食分）

スパゲティ（乾燥）… 280g
しめじ … 1と3/5パック（160g）
ツナ（油漬け缶）… 2缶（140g）
バター… 10g
めんつゆ（3倍濃縮）… 大さじ1
スパゲティのゆで汁 … 100ml
刻みのり … 適量
小ねぎ … 適宜

追加調味料
めんつゆ … 小さじ2
塩 … ひとつまみ

下準備

しめじは石づきを落としてほぐす。

作り方

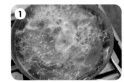

❶ スパゲティは湯（分量外）で袋の表示時間通りにゆで、ゆで汁は捨てずに残しておく。

❷ フライパンにバターを入れて火にかけ、しめじ、油を軽く切ったツナを入れて、しめじに火が入るまで炒める。

❸ ❷にめんつゆを入れてなじませたら、スパゲティのゆで汁を加える。

❹ ❸にスパゲティを入れて絡ませる。子ども用120gほど×2食分をとりわけ、食べやすい長さに切る。

ココでとりわけ！

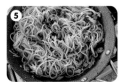

❺ 大人用2食分は、残りのフライパンに追加調味料を加えてなじませる。

❻ それぞれ器に盛り、刻みのりをかける。大人用はお好みで小口切りにした小ねぎを散らす。

保存方法 1食分ずつラップに包む、または耐熱密封容器に入れて冷凍する。

食べるとき **子ども用：**600Wの電子レンジで1分〜1分40秒加熱する。冷たかったら10〜20秒ずつ加熱を追加。
大人用：600Wの電子レンジで4分〜4分20秒加熱する。冷たかったら10〜20秒ずつ加熱を追加。

おすすめ献立例

P.96
きのこの和風パスタ

P.116
だし巻き卵

P.141
もやしスープ

しらすとキャベツの ペペロンチーノ

とりわけすれば
大人は思う存分
辛味を足して
食べられる！

材料 （大人2食分＋子ども2食分）

スパゲティ（乾燥）… 280g
しらす干し … 60g
キャベツ … 2枚（100g）
にんにく… 1かけ
オリーブオイル … 大さじ 2
スパゲティのゆで汁 … 90ml
塩 … ふたつまみ

追加調味料

塩 … 小さじ 1/2
鷹の爪（輪切り）… 適量
ブラックペッパー… 適宜

下準備

キャベツは2cm角のざく切りにする。にんにくはみじん切りにする。

作り方

1 鍋に湯（分量外）を入れて火にかけ、沸騰したらスパゲティとキャベツを入れ、スパゲティの袋の表示時間通りにゆでる。

2 スパゲティをゆでている間に、フライパンにオリーブオイルとにんにくを入れ、焦がさないように弱火で炒める。

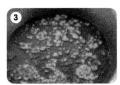

3 **2**にスパゲティのゆで汁を入れ、ゆすりながら混ぜる。

4 **1**がゆで上がったらザルにあげて水気を切り、**3**に塩とともに入れる。しらすも加えて炒め合わせる。

ココで
とりわけ！

5 子ども用は130gほど×2食分をとりわけ、食べやすい長さに切る。大人用2食分は残りのフライパンに**追加調味料**を加えて味を調える。

保存方法 1食分ずつラップに包む、または耐熱密封容器に入れて冷凍する。

食べるとき **子ども用**：600Wの電子レンジで1分～1分40秒加熱する。冷たかったら10～20秒ずつ加熱を追加。
大人用：600Wの電子レンジで4分～4分20秒加熱する。冷たかったら10～20秒ずつ加熱を追加。

おすすめ献立例

P.97
しらすとキャベツの
ペペロンチーノ

P.136
トマトと卵のスープ

🍴 なす**ミートパスタ**

ごはんに、パンに！
レタスに包んでも
おいしい万能ミート

材料（大人2食分+子ども2食分）

スパゲティ（乾燥）… 280g
牛豚合いびき肉 … 150g
なす … 2本（160g）
玉ねぎ … 1/2個（100g）
A カットトマト（缶詰）… 1缶（400g）
　トマトケチャップ … 大さじ1
　ウスターソース … 大さじ1
　コンソメ（顆粒）… 小さじ1/2
　砂糖 … 小さじ2
薄力粉 … 大さじ1と1/2
にんにく … 1かけ
ごま油 … 適量

追加調味料

トマトケチャップ … 大さじ1
ウスターソース … 大さじ1
砂糖 … 小さじ1
塩 … ひとつまみ

下準備

なすはピーラーでストライプに皮をむき、0.5cm幅のいちょう切りにする。にんにく、玉ねぎはみじん切りにする。

作り方

① スパゲティは湯（分量外）で袋の表示時間通りにゆでる。子ども用90gほど×2食分は食べやすい長さに切り、大人用2食分は残りを半量ずつにわける。

② フライパンにごま油をひいてにんにくを炒め、香りが立ったら玉ねぎを入れて炒める。

③ 玉ねぎが透き通ったらなすとひき肉を入れ、肉に火が通るまで炒める。

④ 薄力粉を加えて混ぜ、全体になじませる。

保存方法 1食分ずつラップに包む、または耐熱密封容器に入れて冷凍する。

食べるとき **子ども用：**600Wの電子レンジで1分〜1分40秒加熱する。冷たかったら10〜20秒ずつ加熱を追加。
大人用：600Wの電子レンジで4分〜4分20秒加熱する。冷たかったら10〜20秒ずつ加熱を追加。

おすすめ献立例

P.98
なすミートパスタ

P.123
コールスロー

P.140
コンソメスープ

なすミートは、ごはんにかけたりパンにつけたりして食べるのもおすすめ。
さまざまな主食と合うので、作りおきをしておくと便利です。

ココで
とりわけ！

⑤ **A**を入れてもったりまとまりが出てくるまで煮詰め、子ども用70gほど×2食分をとりわけ、①の子ども用のスパゲティにかける。

⑥ 大人用2食分は残りの⑤に**追加調味料**を入れて2分ほど炒め、①の大人用のスパゲティにかける。

🍴 ナポリタン

子どもが大好きな
ケチャップで
野菜もパクパク
食べられる！

材料（大人2食分＋子ども2食分）

スパゲティ（乾燥）… 280g
玉ねぎ … 1/2 個（100g）
ピーマン … 1/2 個（18g）
マッシュルーム … 2 個（20g）
ウィンナーソーセージ … 3 本（60g）
A コンソメ（顆粒）… 小さじ 1/2
　トマトケチャップ … 大さじ 2
　砂糖 … 小さじ 1
　ウスターソース … 小さじ 1
オリーブオイル … 適量

追加調味料
オリーブオイル … 小さじ 1
トマトケチャップ … 大さじ 1
ウスターソース … 大さじ 1

下準備

玉ねぎは薄切りを半分に切る。ピーマンはみじん切り、マッシュルームは薄切り、ウィンナーは0.5cm幅の輪切りにする。

作り方

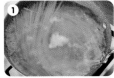

① 鍋に湯（分量外）を沸かし、スパゲティを袋の表示時間に1分30秒ほど足してゆでる。

② フライパンにオリーブオイルをひいて火にかけ、玉ねぎ、ピーマン、ウィンナーソーセージ、マッシュルームを炒める。

③ しんなりとして火が通ったら**A**を入れ、弱めの中火で1分ほど炒める。

④ スパゲティがゆで上がったらザルにあげて水気を切り、③に入れて弱めの中火でなじませる。

ココで
とりわけ！

⑤ 子ども用120gほど×2食分をとりわけ、食べやすい長さに切る。大人用2食分は残りのスパゲティをフライパンの端に寄せて**追加調味料**を入れ、ふつふつしてきたらスパゲティと和える。

保存方法 1食分ずつラップに包む、または耐熱密封容器に入れて冷凍する。

食べるとき **子ども用:**600Wの電子レンジで1分～1分40秒加熱する。冷たかったら10～20秒ずつ加熱を追加。
大人用:600Wの電子レンジで4分～4分20秒加熱する。冷たかったら10～20秒ずつ加熱を追加。

おすすめ献立例

P.99
ナポリタン

P.146
手羽元と
キャベツのスープ

ツナトマトパスタ

材料 (大人2食分＋子ども2食分)

スパゲティ (乾燥) … 280g
ツナ (油漬け缶) … 1缶 (70g)
カットトマト (缶詰) … 1缶 (400g)
水 … 500ml
にんにく … 1かけ
A コンソメ (顆粒) … 小さじ2
　塩 … ふたつまみ
　砂糖 … 小さじ1
オリーブオイル … 小さじ2
粉チーズ … 適宜
パセリ … 適宜

追加調味料
コンソメ (顆粒) … 小さじ1
塩 … ひとつまみ
砂糖 … 小さじ1

下準備

にんにくはみじん切りにする。

フライパンひとつで
パパッとできる!
忙しい日の
お役立ちパスタ

作り方

1 フライパンにオリーブオイル、にんにく、カットトマト (汁ごと)、ツナを油ごと入れて火にかけ、ぐつぐつしてきたらそこから1分ほど炒める。

2 ①に水と**A**を入れて沸騰したらスパゲティを半分の長さに割り入れ、袋の表示時間に2分ほど足して弱火でたまに混ぜながら煮る。

3 ココでとりわけ!
子ども用120gほど×2食分をとりわけ、食べやすい長さに切る。大人用2食分は残りのフライパンに**追加調味料**を入れて和える。それぞれお好みで粉チーズ、刻んだパセリをかける。

保存方法 1食分ずつラップに包む、または耐熱密封容器に入れて冷凍する。

食べるとき **子ども用:** 600Wの電子レンジで1分〜1分40秒加熱する。冷たかったら10〜20秒ずつ加熱を追加。
　大人用: 600Wの電子レンジで4分〜4分20秒加熱する。冷たかったら10〜20秒ずつ加熱を追加。

おすすめ献立例
P.100 ツナトマトパスタ　　P.140 コンソメスープ

パスタを煮ている最中に、煮詰まって水分が足りなくなってしまう場合は、様子を見ながら水を足して調節してください。

🍴 マカロニグラタン

とろ～りチーズに
大人も子どもも
大満足！

材料 （大人2食分＋子ども2食分）

マカロニ（乾燥）… 100g
鶏もも肉 … 1/2 枚（125g）
玉ねぎ … 1個（200g）
グリーンアスパラガス … 2本（40g）
薄力粉 … 大さじ2
バター… 10g
A 牛乳（または豆乳でも可）… 400ml
　コンソメ（顆粒）… 大さじ1/2
　塩 … ひとつまみ
ピザ用チーズ … 適量

追加調味料
塩 … ひとつまみ
コンソメ（顆粒）… 小さじ1/2

下準備

1 玉ねぎは薄切り、グリーンアスパラガスは斜め薄切り、鶏肉は1.5cmの角切りにする。
2 マカロニは湯（分量外）で袋の表示時間より1分ほど短くゆでる。

作り方

① フライパンにバターを入れて火にかけ、玉ねぎとアスパラガスを炒め、玉ねぎがしんなりとしたら鶏肉を加えて肉の色が変わるまで炒める。

② ①に薄力粉を入れて粉っぽさがなくなるまでなじませる。

③ ②に**A**を入れてふつふつしてきたらマカロニを加え、とろみがつくまで煮る。

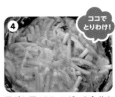

ココで
とりわけ！

④ 子ども用130gほど×2食分を小さめのグラタン皿に入れる。大人用2食分は残りのフライパンに**追加調味料**を加えて混ぜ、半量ずつグラタン皿に入れる。

⑤ 子ども用、大人用の両方にピザ用チーズをのせ、オーブントースターで焼き目がつくまで焼く（ピザ用チーズは塩分が多いので、子ども用にはかけすぎないよう注意しましょう）。

保存方法　グラタン皿にラップをかぶせ、1食分ずつ冷凍する。

食べるとき　**子ども用:** 600Wの電子レンジで1分～1分30秒～2分加熱する。冷たかったら10～20秒ずつ加熱を追加。
大人用: 600Wの電子レンジで2分30秒～3分加熱する。冷たかったら10～20秒ずつ加熱を追加。

おすすめ献立例

P.101
マカロニグラタン

P.136
トマトと卵のスープ

のりクリームペンネ

材料 (大人2食分+子ども2食分)

ペンネ (乾燥) … 240g
A 牛乳 … 280ml
　パルメザンチーズ … 10g
　鶏がらスープの素 (顆粒) … 小さじ1
　バター … 5g
焼きのり (全型) … 2枚

追加調味料

パルメザンチーズ … 5g
塩 … ひとつまみ
ブラックペッパー … 適宜

のりの風味と
クリームのコク
チーズの旨味が
ペンネによく絡む

作り方

保存方法 1食分ずつラップに包む、または耐熱密封容器に入れて冷凍する。

食べるとき **子ども用:**600Wの電子レンジで1分～1分40秒加熱する。冷たかったら10～20秒ずつ加熱を追加。
大人用:600Wの電子レンジで2分～2分30秒加熱する。冷たかったら10～20秒ずつ加熱を追加。

① フライパンに湯 (分量外) を沸かし、ペンネを袋の表示時間通りにゆでる。

② 別のフライパンに**A**を入れて火にかけ、のりを小さくちぎりながら入れて弱火で混ぜ合わせる。

ココで
とりわけ!

③ ①がゆで上がったらザルにあげて水気を切り、②に加えて弱めの中火で炒め合わせ、子ども用100gほど×2食分をとりわける。

④ 大人用2食分は③のフライパンに**追加調味料**を入れて混ぜ合わせる。

おすすめ献立例

P.102
のりクリーム
ペンネ

P.120
ポテトウィンナー巻き

P.136
ミネストローネ

🍴 肉うどん

材料 （大人2食分＋子ども2食分）

冷凍うどん … 3玉（600g）
牛薄切り肉 … 200g
キャベツ … 1枚（60g）
A 酒 … 大さじ2
　│ しょうゆ … 大さじ1
　│ みりん … 大さじ2
　│ 砂糖 … 小さじ1
ごま油 … 適量

子ども用つゆ
湯 … 200ml
白だし … 小さじ2

大人用つゆ
湯 … 360ml
白だし … 大さじ2
塩 … ふたつまみ

追加調味料
七味唐辛子 … 適宜

下準備

1 キャベツはせん切りにする。牛肉は食べやすい大きさに切る。
2 うどんは電子レンジで袋の表示時間通りに加熱し、解凍する。

さっぱり
和風仕立てで
するする
食べられる！

作り方

1 フライパンにごま油をひいて火にかけ、牛肉を入れて色が変わるまで炒める。

2 ①に**A**とキャベツを入れ、しんなりするまで煮る。

3 ココでとりわけ！
子ども用と大人用の器に、それぞれ**つゆ**を1食分ずつ入れる。

4 ③に子ども用はうどん100gほど×2食分を入れ、食べやすい長さに切る。大人用は2食分をそれぞれ入れる。具材は子ども用は30gほど×2食分、大人用も2食分をのせ、大人用にはお好みで七味唐辛子をかける。

保存方法 1食分ずつ耐熱密封容器に入れて冷蔵する。

食べるとき 子ども用：600Wの電子レンジで40〜50秒加熱する。冷たかったら10〜20秒ずつ加熱を追加。
大人用：600Wの電子レンジで1分30秒〜2分加熱する。冷たかったら10〜20秒ずつ加熱を追加。

おすすめ献立例

P.103
肉うどん

P.118
豆苗とツナの
和風炒め

子ども用のだしは湯ではなく水やぬるま湯を入れてもOKです。

かき玉うどん

とろっとおだしに
ふわふわ卵。
体が芯から
じんわり温まる

材料 （大人2食分＋子ども2食分）

冷凍うどん … 3玉（600g）
卵 … 1個
長ねぎ … 1/2本（50g）
水 … 600ml
めんつゆ（3倍濃縮）… 大さじ1と1/2
水溶き片栗粉 … 片栗粉大さじ1＋水大さじ2
小ねぎ … 適宜

追加調味料
めんつゆ（3倍濃縮）… 大さじ1
塩 … ふたつまみ

下準備

1 長ねぎはみじん切りにする。
2 うどんは電子レンジで袋の表示時間通りに加熱し、解凍する。

作り方

鍋に水、めんつゆ、長ねぎを入れて火にかける。

沸騰したらうどんを入れて弱火で2分ほど加熱する。

水溶き片栗粉を加えてとろみをつける。

強めの中火にし、沸騰したところに卵を溶いて流し入れ、卵が固まってきたらやさしく混ぜる。

ココで
とりわけ！

子ども用汁込み150gほど×2食分をとりわけ、うどんを食べやすい長さに切る。大人用2食分は残りの鍋に**追加調味料**を加えて混ぜる。それぞれにお好みで小口切りにした小ねぎを散らす。

保存方法 1食分ずつ耐熱密封容器に入れて冷蔵する。
食べるとき **子ども用**：600Wの電子レンジで40〜50秒加熱する。冷たかったら10〜20秒ずつ加熱を追加。
大人用：600Wの電子レンジで1分30秒〜2分加熱する。冷たかったら10〜20秒ずつ加熱を追加。

おすすめ献立例

P.104
かき玉うどん

P.128
ほうれん草と
しらすのお浸し

🍴 焼きうどん

材料（大人2食分＋子ども2食分）

冷凍うどん … 3玉（600g）
豚ロース薄切り肉 … 150g
にんじん … 1/3本（50g）
キャベツ … 2枚（100g）
A 酒 … 大さじ2
　 かつお節 … 2g
　 しょうゆ … 小さじ2
　 塩 … ひとつまみ
ごま油 … 適量
かつお節 … 適宜

追加調味料
しょうゆ … 小さじ2
塩 … ふたつまみ

下準備

1 豚肉は2〜3cm幅に切る。にんじんは
　0.5cm幅のいちょう切りに、キャベツ
　は2〜3cm角に切る。
2 うどんは電子レンジで袋の表示時間通
　りに加熱し、解凍する。

具材たっぷり！
野菜は冷蔵庫に
あるお好みの
野菜に替えても
OK

作り方

フライパンにごま油をひいて火
にかけ、豚肉を入れて肉の色が
変わるまで炒める。

①ににんじんとキャベツを入れ
てしんなりするまで炒める。

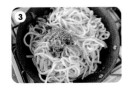

うどんと**A**を入れ、味が全体に
なじむように炒める。

ココで
とりわけ！

子ども用120gほど×2食分を
とりわけ、食べやすい長さに切
る。大人用2食分は残りのフラ
イパンに**追加調味料**を加えてな
じませる。大人用、子ども用の両
方にお好みでかつお節をふる。

保存方法 1食分ずつ耐熱密封容器に入れて冷凍する。

食べるとき 子ども用：600Wの電子レンジで1分30秒ほど加熱する。冷たかった
ら10〜20秒ずつ加熱を追加。
大人用：600Wの電子レンジで2分30秒〜3分加熱する。冷たかった
ら10〜20秒ずつ加熱を追加。

おすすめ献立例

P.105
焼きうどん

P.140
ワンタンスープ

🍴 たらこクリームうどん

材料 （大人2食分＋子ども2食分）

冷凍うどん … 3玉（600g）
A たらこ … 30g
　牛乳 … 250ml
　バター … 7g
　コンソメ（顆粒）… 小さじ1/2
　めんつゆ（3倍濃縮）… 小さじ1/2
刻みのり … 適量

追加トッピング
たらこ … 適宜
大葉（せん切り）… 適宜

下準備

1 たらこは薄皮をとって中身を出す。
2 うどんは電子レンジで袋の表示時間通りに加熱し、解凍する。

たらこの旨味とまろやかなソースに隠し味のめんつゆで風味アップ！

作り方

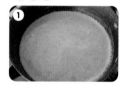

① 鍋に**A**を入れて火にかけ、ふつふつしてきたら弱火にし、1分ほど加熱してたらこに火を通す。

② ①にうどんを入れ、再びふつふつしてきたら弱めの中火にし、1分ほど混ぜながらなじませる。

ココでとりわけ！

③ 子ども用うどん100gほど×2食分をとりわけ、食べやすい長さに切る。大人用2食分は残りのうどんを半量ずつ器に盛り、汁を適量ずつかける。お好みでそれぞれに刻みのり、大人はお好みで**追加トッピング**をのせる。

保存方法 1食分ずつ耐熱密封容器に入れて冷蔵する。

食べるとき **子ども用**：600Wの電子レンジで40〜50秒加熱する。冷たかったら10〜20秒ずつ加熱を追加。
大人用：600Wの電子レンジで1分30秒〜2分加熱する。冷たかったら10〜20秒ずつ加熱を追加。

おすすめ献立例

P.106
たらこクリーム
うどん

P.116
卵サラダ

3歳未満のお子さまに与える場合は、たらこをしっかり加熱しましょう。たらこは透明感がなくなり、白っぽくなったら火が通った目安です。

🍴 塩焼きそば

主食レシピ

親子で食べられる

うどん／中華めん

材料 （大人2食分＋子ども2食分）

中華蒸しめん … 3袋（450g）
豚ロース薄切り肉 … 100g
キャベツ … 2枚（100g）
にんじん … 1/3本（50g）
A 鶏がらスープの素（顆粒）… 小さじ1
　塩 … ひとつまみ
　水 … 100ml
ごま油 … 適量
かつお節 … 適宜

追加調味料

鶏がらスープの素（顆粒）… 小さじ1
塩 … ひとつまみ

下準備

豚肉は3cm幅、キャベツは3cm角に切り、にんじんは0.5cm幅のいちょう切りにする。

> さっぱり塩味で
> マンネリ打破。
> 大人用は塩などで
> アクセントを

作り方

① フライパンにごま油をひき、豚肉を入れて色が変わるまで焼く。

② キャベツとにんじんを入れ、キャベツがしんなりするまで炒める。

ココでとりわけ！

③ ②にめんと**A**を入れて炒め合わせる。水分が飛び全体がなじんだら、子ども用は具材込みで120gほど×2食分をとりわける。

④ 大人用2食分は残りの③に**追加調味料**を加えて炒め合わせる。器に盛り、大人用と子ども用の両方にお好みでかつお節をふる。

保存方法 1食分ずつラップに包んで冷凍する。

食べるとき 子ども用：600Wの電子レンジで1分～1分40秒加熱する。冷たかったら10～20秒ずつ加熱を追加。
大人用：600Wの電子レンジで2分30秒～2分40秒加熱する。冷たかったら10～20秒ずつ加熱を追加。

おすすめ献立例

P.107 塩焼きそば

P.145 かき玉スープ

栄養満点 子ども朝ごはんレシピ

かんたんアレンジで脱マンネリ！

「今日の子どもの朝ごはん何にしよう……」そんなときにおすすめの朝食レシピをご紹介します。パン、ごはん、オートミールとバリエーション豊かなので、マンネリ防止にも役立ちます。レシピは子ども用に作られていますが、大人でも食べられるものばかりです！

パン

手軽に作れて子ども一人でも食べやすいパンは、忙しい朝の強い味方。惣菜系と甘い系を用意したので、その日の気分に合わせて飽きずに食べられます。

🍴 ハムチーズ焼きサンドイッチ

材料 （子ども2食分）
食パン（サンドイッチ用）… 2枚
ハム … 1枚（15g）
スライスチーズ … 1枚

保存方法 常温保存でなるべく早く食べきる。
食べるとき 加熱せずそのまま食べる。

作り方

① 食パンはオーブントースターで焼き目がつくまで焼く。

② ①の上にハムとチーズをのせて挟み、半分に切る。

🍴 しらすチーズトースト

材料 （子ども2食分）
食パン（6枚切り）… 1枚
バター（またはマーガリンでも可）… 適量
しらす干し … 10g
ピザ用チーズ … 20g

保存方法 オーブントースターで焼く前の状態で、1食分ずつラップに包んで冷凍する。
食べるとき 600Wの電子レンジで20秒ほど加熱後、オーブントースターで2～3分焼く。

作り方

① 食パンにバターを塗り、しらすを広げる。

② ピザ用チーズを広げ、オーブントースターで3～4分焼いて4等分に切る。

🍴 ピザトースト

材料 （子ども2食分）
食パン（6枚切り）… 1枚
ピーマン … 1g
ミニトマト … 1個（10g）
スライスベーコン … 7g
ピザ用チーズ … 20g
トマトケチャップ … 小さじ1と1/2

下準備
ピーマンはみじん切り。ベーコンは0.5cm幅、ミニトマトは4等分に切る。

作り方

① 食パンにトマトケチャップを塗り、ピーマン、ベーコンの順にのせる。

② ①にピザ用チーズをまんべんなく広げ、ミニトマトをおく。オーブントースターで4～5分焼き、4等分に切る。

保存方法 オーブントースターで焼く前の状態で、1食分ずつラップに包んで冷凍する。
食べるとき 600Wの電子レンジで20秒ほど加熱後、オーブントースターで2～3分焼く。

🍴 揚げないきな粉パン

作り方

1 食パンは縦4等分に切り、両面にオリーブオイルを塗る。

2 オーブントースターで4〜5分焼き、砂糖ときな粉を入れたポリ袋に入れてふる。

材料（子ども2食分）

食パン（6枚切り）… 1枚
オリーブオイル　適量
砂糖 … 小さじ1/2
きな粉 … 小さじ2

（保存方法）常温保存でなるべく早く食べきる。
（食べるとき）加熱せずそのまま食べる。

🍴 フレンチトースト

作り方

1 耐熱容器にAを入れて混ぜ、食パンを入れて600Wの電子レンジで30秒ほど加熱する。一度とり出し、ひっくり返してさらに20秒ほど加熱する。

? フライパンにバターを入れて①を並べ、弱めの中火で焼く。焼き目がついたらひっくり返し、フタをして弱火で2〜3分加熱して中まで火を通す。

材料（子ども2食分）

食パン（6枚切り）… 1枚
A 卵 … 1個
　　牛乳 … 50ml
　　砂糖 … 小さじ1/2
バター … 5g

下準備

食パンは食べやすい大きさに切る。

（保存方法）1食分ずつラップに包んで冷凍する。
（食べるとき）600Wの電子レンジで20秒ほど加熱後、オーブントースターで2〜3分焼く。

🍴 きな粉ペーストトースト

作り方

1 器にAを入れて混ぜ合わせ、食パンに塗る。

2 オーブントースターで3〜4分焼き、食べやすい大きさに切る。

材料（子ども2食分）

食パン（6枚切り）… 1枚
A きな粉 … 小さじ2
　　はちみつ … 小さじ1
　　牛乳 … 小さじ1/2

（保存方法）オーブントースターで焼く前の状態で、1食分ずつラップに包んで冷凍する。
（食べるとき）600Wの電子レンジで20秒ほど加熱後、オーブントースターで2〜3分焼く。

🍴 バターシュガートースト

作り方

食パンにバターを塗って砂糖をまんべんなくふり、オーブントースターで3〜4分焼いて4等分に切る。

材料（子ども2食分）

食パン（6枚切り）… 1枚
バター（またはマーガリンでも可）… 適量
砂糖 … 小さじ1/2

（保存方法）トースターで焼く前の状態で、1食分ずつラップに包んで冷凍する。
（食べるとき）600Wの電子レンジで20秒ほど加熱後、オーブントースターで2〜3分焼く。

ごはん

ごはんはにぎっておにぎりにすると、食べやすくなるので朝食におすすめです。いろいろな具材を混ぜ込めば栄養価もアップ！ おにぎりひとつで栄養満点な朝食が完成します。

しらす青のりおにぎり

材料（子ども1食分）

ごはん … 80〜100g
しらす干し … 10g
青のり … ひとつまみ
しょうゆ … 少量

保存方法 1食分ずつラップに包んで冷凍する。
食べるとき 600Wの電子レンジで1分30秒ほど加熱。冷たかったら10〜20秒ずつ加熱を追加。

作り方

ボウルにすべての材料を入れて混ぜ合わせ、にぎる。

ツナ塩昆布おにぎり

材料（子ども1食分）

ごはん … 80〜100g
ツナ（油漬け缶）… 10g
塩昆布 … 2g
マヨネーズ … 小さじ 1/2
めんつゆ（3倍濃縮）… 少々

下準備

ツナは油を軽く切り、塩昆布はキッチンバサミで食べやすく切る。

保存方法 1食分ずつラップに包んで冷凍する。
食べるとき 600Wの電子レンジで1分30秒ほど加熱。冷たかったら10〜20秒ずつ加熱を追加。

作り方

ボウルにすべての材料を入れて混ぜ合わせ、にぎる。

コーンバターベーコンおにぎり

材料（子ども1食分）

ごはん … 80〜100g
A ベーコン … 10g
 ├ コーン（水煮）… 5g
 └ バター… 少々
しょうゆ … 少量

下準備

ベーコンは0.5cm角に切る。

保存方法 1食分ずつラップに包んで冷凍する。
食べるとき 600Wの電子レンジで1分30秒ほど加熱。冷たかったら10〜20秒ずつ加熱を追加。

作り方

フライパンにAを入れて炒め、焼き目がついたらしょうゆを入れて混ぜて火を止める。ボウルに入れ、ごはんを加えて混ぜ合わせ、にぎる。

焼きおにぎり

材料 (子ども1食分)

ごはん … 80〜100g
A かつお節 … ひとつまみ
 　しょうゆ … 少量
ごま油 … 少量

保存方法 1食分ずつラップに包んで冷凍する。

食べるとき 600Wの電子レンジで1分30秒ほど加熱。冷たかったら10〜20秒ずつ加熱を追加。

作り方

1 ボウルにごはんと**A**を入れて混ぜ合わせ、にぎる。

2 フライパンにごま油をひいて①を入れて両面を焼く。

チーズおかかおにぎり

材料 (子ども1食分)

ごはん … 80〜100g
プロセスチーズ … 10g
かつお節 … ひとつまみ
しょうゆ … 少量

下準備 プロセスチーズは0.5cmの角切りにする。

保存方法 1食分ずつラップに包んで冷凍する。

食べるとき 600Wの電子レンジで1分30秒ほど加熱。冷たかったら10〜20秒ずつ加熱を追加。

作り方

ボウルにすべての材料を入れて混ぜ合わせ、にぎる。

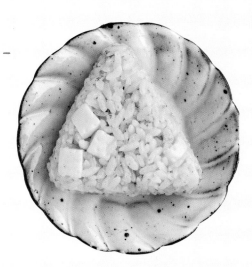

炒り卵おにぎり

材料 (子ども1食分)

ごはん … 80〜100g
A 卵 … 1/2 個
 　マヨネーズ … 小さじ 1/2
 　しょうゆ … 少量
青のり … ふたつまみ
ごま油 … 適量

下準備 ボウルに**A**を入れて混ぜ、卵液を作る。

保存方法 1食分ずつラップに包んで冷凍する。

食べるとき 600Wの電子レンジで1分30秒ほど加熱。冷たかったら10〜20秒ずつ加熱を追加。

作り方

1 フライパンにごま油をひき、下準備で作った卵液を入れて菜箸でかき混ぜて炒り卵を作る。

2 ボウルにごはん、①、青のりを入れて混ぜ合わせ、にぎる。

オートミール

ダイエット食として人気のオートミールは、手軽に食物繊維やビタミン類が補える幼児食としても大活躍！ 消化にやや時間がかかるので、柔らかくふやかして与えましょう。

※オートミールの加熱時に吹きこぼれることがありますのでご注意ください。

チーズカレー オートミール リゾット

材料（子ども1食分）

A オートミール（ロールドオーツ）… 大さじ4
　味つけカレーパウダー（甘口）… 小さじ1
　コンソメ（顆粒）… 小さじ1/4
　水 … 100ml
ピザ用チーズ … 8g

保存方法 冷凍・冷蔵保存不可。

作り方

1 深めの耐熱容器にAを入れ、ピザ用チーズをまんべんなくかける。

2 ラップをせずに①を600Wの電子レンジで1分30秒ほど加熱する。

みそ汁雑炊

材料（子ども1食分）

オートミール（ロールドオーツ）… 大さじ4
冷めたみそ汁 … 100ml
水 … 30ml

小ねぎ … 適宜

保存方法 冷凍・冷蔵保存不可。

作り方

1 深めの耐熱容器にすべての材料を入れる。

2 ラップをせずに①を600Wの電子レンジで1分30秒ほど加熱する。お好みで小口切りにした小ねぎを散らす。

ベイクドバナナココア オートミール

材料（子ども1食分）

オートミール（ロールドオーツ）… 大さじ4
牛乳 … 大さじ3
ココアパウダー（無糖）… 小さじ1
はちみつ … 小さじ1
バナナ … 60g
バナナ（飾り用）… 適量

保存方法 冷凍・冷蔵保存不可。

作り方

1 深めの耐熱容器にバナナ60gを入れてフォークでつぶし、ペースト状にする。

2 ①に飾り用のバナナ以外の材料をすべて入れて混ぜる。ラップをせずに600Wの電子レンジで1分30秒ほど加熱し、輪切りにした飾り用のバナナをのせる。

スムージー

フルーツや野菜と乳製品で作るスムージーは、主食だけでは栄養が偏りそうな日の補助食として最適。多めに作れば大人もいっしょに飲むことができます。

🍴 いちごミルクスムージー

材料 (子ども1食分)

いちご…2個(30g)
牛乳…80ml
砂糖…小さじ1
氷…2個(20g)

保存方法 冷凍・冷蔵保存不可。

Point

大人1食分を作る場合は、いちご3個(45g)、牛乳130ml、砂糖大さじ1、練乳小さじ1、氷3個(30g)で作るのがおすすめです。

作り方

すべての材料をミキサー(氷対応)に入れてかくはんする。

🍴 バナナスムージー

材料 (子ども1食分)

バナナ…30g
小松菜…5g
りんご…30g
無調整豆乳(または牛乳でも可)
…60ml
氷…2個(20g)

保存方法 冷凍・冷蔵保存不可。

Point

大人1食分を作る場合は、バナナ40g、小松菜10g、りんご40g、豆乳または牛乳100ml、砂糖小さじ1、氷3個(30g)で作るのがおすすめです。

作り方

すべての材料をミキサー(氷対応)に入れてかくはんする。

🍴 キウイヨーグルトスムージー

材料 (子ども1食分)

キウイ…40g
プレーンヨーグルト…40g
牛乳…大さじ1
砂糖…小さじ1
氷…2個(20g)

保存方法 冷凍・冷蔵保存不可。

Point

大人1食分を作る場合は、キウイ60g、プレーンヨーグルト60g、牛乳大さじ3、砂糖小さじ1、氷3個(30g)で作るのがおすすめです。

作り方

すべての材料をミキサー(氷対応)に入れてかくはんする。

子ども用朝食ちょい足し食材

うたまるごはんが普段から常備している、朝ごはんのときにあると便利な食材です。
あとひと品欲しいときや、サクッと栄養を補いたいとき、食卓に彩りを加えたいときなどに大活躍してくれます。

キャンディーチーズ

ひと口サイズで食べやすく、手軽にたんぱく質やカルシウムが補えます。味つけをする必要がないので、忙しい日に重宝します。幼児に与える場合は、誤えんやのどの詰まりに注意して、必ず4等分に切る、もしくは手などでつぶしてから与えましょう。

ゆでブロッコリー

免疫力を高めるのに必要なビタミンCや、健康な骨を維持するために必要なビタミンKといった、健やかに育つうえで重要な役割を持つビタミンやミネラルが豊富。ゆでて冷凍しておけば、解凍してすぐ食べられるので便利。市販の冷凍ブロッコリーでもOKです。

カットフルーツ

調理せずにそのまま食べられて、ビタミンやミネラルといった栄養素も豊富なフルーツは、常備しておいて損はなし。バナナやキウイなどは食物繊維も豊富なので、便秘の改善にも効果が期待できます。

缶詰のフルーツ

「生のフルーツだと腐らせてしまう！」という場合は、長期保存できる缶詰がおすすめ！甘いシロップに漬けてあるので食べやすいのもポイント。ただし糖分が多いので、食べすぎには注意しましょう。

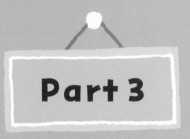

Part 3

栄養を手軽にとれる

親子で食べられる

副菜レシピ

栄養が不足しがちな日や、食卓に彩りを加えたいときは、
野菜などがメインの副菜レシピをプラスすればOK。
大人用の味つけだと、副菜は特に味が濃くなりがちなので注意が必要。
調理時にとりわけて味の濃さを調節しつつ、
やさしい味つけで子どもの味覚を育てましょう。

🍴 だし巻き卵

材料 （大人2食分+子ども2食分）

A 卵（Lサイズ）… 2個
　白だし … 小さじ1
　水 … 50ml
　砂糖 … 小さじ1/4
米油（またはサラダ油でも可）… 適量
大根おろし … 適量

追加調味料
しょうゆ … 適量

**冷たくても
おいしくて
うれしい♪**

作り方

1 卵焼き器に米油をひいて火にかけ、よく混ぜた**A**を1/3ほど流し入れる。

2 奥から手前に向かってくるくると巻き、奥に寄せたら再び**A**を1/3ほど流し入れ、同様に巻く。これを合計3回くり返す。

3 巻きす（またはホイルでも可）で巻いて10分ほどおいて形を整え、粗熱をとる。

**ココで
とりわけ！**

4 1.5cm幅に切りわけ、子ども用1切れ×2食分をさらに半分に切る。大人用2食分は大根おろし、しょうゆを添える。

保存方法 卵のみ大人用、子ども用それぞれ、密封容器に入れて冷蔵する。

食べるとき **子ども用：**加熱せずそのまま食べる。
　　　　　　　大人用：加熱せずそのまま食べる。

🍴 卵サラダ

**めんつゆ×
マヨネーズで
さっぱり**

材料 （大人2食分+子ども2食分）

ゆで卵 … 3個
きゅうり … 1本（100g）
A マヨネーズ … 大さじ1
　めんつゆ（3倍濃縮）… 小さじ1/2

追加調味料
マヨネーズ … 大さじ1/2
ブラックペッパー … 適宜

下準備

1 きゅうりは薄めの輪切りにし、塩ひとつまみ（分量外）でもみ、5分ほどしたら水ですすぎ、ぎゅっとしぼって水気を切る。

2 ゆで卵は2cm角に切る。

ゆで卵のかたさはお好みでOKですが、3歳未満の幼児に与える場合はしっかりと火を通しましょう。

作り方

1 ボウルにゆで卵、きゅうり、**A**を入れて和える。

**ココで
とりわけ！**

2 子ども用30gほど×2食分をとりわける。大人用2食分は残りに**追加調味料**を入れて和える。

保存方法 大人用、子ども用それぞれ、密封容器に入れて冷蔵する。

食べるとき **子ども用：**加熱せずそのまま食べる。
　　　　　　　大人用：加熱せずそのまま食べる。

🍴 ちくわの磯辺揚げ

材料 (大人2食分+子ども2食分)

ちくわ … 4本（140g）
A 米粉（または薄力粉でも可）… 大さじ4
　水 … 大さじ5
　青のり … ふたつまみ
ごま油 … 大さじ1

追加調味料
塩 … 適宜

下準備

ちくわは1.5cm幅の斜め切りにする。

作り方

①
ボウルに**A**を入れて
混ぜ、ちくわを入れて
なじませる。

②
フライパンにごま油を
ひき、①を並べて揚
げ焼きにし、両面に焼
き色をつける。

ココで
とりわけ!

③
バットにあげて余分
な油を切り、子ども用
1/6ほど×2食分を
とりわけ、大人用2食
分は残りにお好みの
量の塩をふる。

保存方法 1食分ずつラップに包んで冷凍する。
食べるとき **子ども用:** 600Wの電子レンジで30秒ほど加熱する。冷たかった
ら10〜20秒ずつ加熱を追加。
大人用: 600Wの電子レンジで1分ほど加熱する。冷たかったら
10〜20秒ずつ加熱を追加。

🍴 チーズ巻き

材料 (大人2食分+子ども2食分)

餃子の皮 … 12枚
プロセスチーズ … 12枚
※ 3cm×5cmほどの大きさの切れ
てるチーズを使用。
米油（またはサラダ油でも可）
　… 大さじ1

追加調味料
トマトケチャップ … 適宜

下準備

プロセスチーズは、2枚重ねて縦半分
（幅1.5cm×長さ5cm）に切る。

作り方

①
餃子の皮にプロセス
チーズをのせ、手前か
らくるくると巻き、巻
き終わり部分に水
（分量外）をつけて留
める。

②
フライパンに米油を
ひいて火にかけ、①
の巻き終わりを下に
して並べて両面をこ
んがりと焼く。

ココで
とりわけ!

③
バットにあげて油を
切り、子ども用2本×
2食分をとりわけ、半
分に切る。

④
残りの大人用2食分
は、お好みでトマトケ
チャップをつけて食べ
る。

保存方法 1食分ずつラップに包んで冷凍する。
食べるとき **子ども用:** 600Wの電子レンジで20秒ほど加熱後、オーブントー
スターで2〜3分焼く。
大人用: 600Wの電子レンジで30秒ほど加熱後、オーブントース
ターで2〜3分焼く。

豆苗とツナの和風炒め

材料（大人2食分+子ども2食分）

豆苗 … 1袋（100g）
ツナ（油漬け缶または水煮缶）… 1缶（70g）
めんつゆ（3倍濃縮）… 小さじ 1/2
ごま油 … 適量

追加調味料
めんつゆ（3倍濃縮）… 小さじ 1/2 弱

下準備
豆苗は4cm長さに切る。

作り方

1
フライパンにごま油をひいて火にかけ、豆苗、油または汁気を軽く切ったツナ、めんつゆを入れて炒める。

2（ココでとりわけ！）
豆苗がしんなりとしたら火を止め、子ども用20gほど×2食分をとりわける。大人用2食分は、残りのフライパンにめんつゆを加えて全体になじませる。

保存方法 1食分ずつ耐熱密封容器に入れて冷蔵する。
食べるとき **子ども用:** 600Wの電子レンジで20〜30秒加熱する。冷たかったら10〜20秒ずつ加熱を追加。
大人用: 600Wの電子レンジで40〜50秒加熱する。冷たかったら10〜20秒ずつ加熱を追加。

ツナマヨコーン巻き

材料（大人2食分+子ども2食分）

餃子の皮（大判）… 12枚
A コーン（水煮）… 50g
　ツナ（油漬け缶または水煮缶）… 1缶（70g）
　マヨネーズ … 小さじ 2
　塩 … 少々
米油（サラダ油でも可）… 大さじ 1

追加調味料
マヨネーズ … 適宜

作り方

1
ツナは油または汁気を切り、ボウルにAを入れて混ぜ、餃子の皮に1/12量のせる。

2
手前からくるくると巻き、巻き終わり部分に水（分量外）をつけて留め、両端を内側に折る。

3
フライパンに米油をひいて火にかけ、**2**の巻き終わりを下にして並べて両面をこんがりと焼く。

4（ココでとりわけ！）
バットにあげて油を切り、子ども用2本×2食分をとりわけ、半分に切る。残りの大人2食分は、お好みでマヨネーズをつけて食べる。

保存方法 1食分ずつラップに包んで冷凍する。
食べるとき **子ども用:** 600Wの電子レンジで20秒ほど加熱後、オーブントースターで2〜3分焼く。
大人用: 600Wの電子レンジで30秒ほど加熱後、オーブントースターで2〜3分焼く。

🍴 長いもの青のり焼き

食べ出したら
止まらない
クセになる味

材料 (大人2食分＋子ども2食分)

長いも … 1/2 本 (200g)
めんつゆ (3倍濃縮) … 小さじ1
塩 … 少々
青のり … ふたつまみ
ごま油 … 適量

追加調味料

塩 … 適宜

下準備

長いもは1cm幅のいちょう切りにする。

作り方

① フライパンにごま油をひいて火にかけ、長いもを入れて両面をこんがりと焼く。

② 火を止めてめんつゆを入れてなじませる。

③ ②に塩と青のりを加えてフライパンをゆすりながらなじませ、子ども用35gほど×2食分をとりわける。

ココでとりわけ!

④ 大人用2食分は、残りの③にお好みで塩を入れて味を調える。

保存方法 1食分ずつラップに包んで冷凍する。

食べるとき **子ども用:** 600Wの電子レンジで40〜50秒加熱する。冷たかったら10〜20秒ずつ加熱を追加。
大人用: 600Wの電子レンジで1分〜1分30秒加熱する。冷たかったら10〜20秒ずつ加熱を追加。

🍴 さつまいももち

おかずとしては
もちろん
おやつにも最適

材料 (大人2食分＋子ども2食分)

さつまいも … 1本 (250g)
A バター… 5g
　砂糖 … 小さじ1
　片栗粉 … 大さじ2
　塩 … ひとつまみ
　牛乳 … 大さじ2
バター… 5g

追加調味料

塩 … 適宜

下準備

さつまいもは2cmの角切りにし、水(分量外)の入った耐熱ボウルに入れて5分ほど浸けたら水を捨てる。

作り方

① 下準備したさつまいもが入った耐熱ボウルに水大さじ1(分量外)を入れてふんわりとラップをする。600Wの電子レンジで4〜5分加熱し、マッシャーかフォークでつぶす。

② ①にAを入れて混ぜ合わせ、10等分して平たい丸に成形する。

③ フライパンにバターを入れて火にかけ、②を並べて両面を焼く。

ココでとりわけ!

④ 子ども用2個×2食分をとりわけて半分に切る。大人用2食分はお好みで塩をかける。

保存方法 1食分ずつラップに包んで冷凍する。

食べるとき **子ども用:** 600Wの電子レンジで40〜50秒加熱する。冷たかったら10〜20秒ずつ加熱を追加。
大人用: 600Wの電子レンジで1分〜1分30秒加熱する。冷たかったら10〜20秒ずつ加熱を追加。

🍴 じゃがいものしらすチーズ焼き

材料 (大人2食分+子ども2食分)

じゃがいも … 2個 (300g)
しらす干し … 50g
ピザ用チーズ … 70g
青のり … ふたつまみ

追加調味料
塩 … 適宜
マヨネーズ … 適宜

下準備

じゃがいもは0.5cm幅の輪切りにし、5分ほど水(分量外)に浸ける。

しらすとチーズの
塩味がおいしい

作り方

① 耐熱ボウルにじゃがいも、水大さじ1(分量外)を入れてふんわりとラップをし、600Wの電子レンジで3〜4分加熱する。

② ホイルの上に水気を切った①を広げ、その上にしらす→ピザ用チーズの順に重ねる。

ココで
とりわけ!

③ オーブントースターでチーズに焼き目がつくまで焼き、青のりを散らす。子ども用1/6ほど×2食分をとりわける。

④ 残りの大人用2食分はお好みで**追加調味料**を足して食べる。

保存方法 1食分ずつ密封容器に入れて冷蔵する。

食べるとき **子ども用**:600Wの電子レンジで30秒ほど加熱後、オーブントースターで2〜3分焼く。
大人用:600Wの電子レンジで1分ほど加熱後、オーブントースターで2〜3分焼く。

🍴 ポテトウィンナー巻き

材料 (大人2食分+子ども2食分)

餃子の皮(大判) … 10枚
ウィンナーソーセージ … 5本 (100g)
じゃがいも … 1個 (150g)
バター … 5g
オリーブオイル … 適量

追加調味料
トマトケチャップ … 適宜

下準備

1 ウィンナーは縦半分に切る。
2 じゃがいもは2cmの角切りにし、水(分量外)に5分ほど漬ける。

マッシュポテトが
ウィンナーと
相性抜群♪

作り方

① 耐熱ボウルにじゃがいもと水大さじ1(分量外)を入れてふんわりとラップをし、600Wの電子レンジで3〜4分加熱。フォークなどでつぶしてバターを加えて混ぜる。

② 餃子の皮に①、ウィンナーの順にのせて巻き、巻き終わりに水(分量外)をつけて留める。

③ フライパンに多めのオリーブオイルをひいて火にかけ、②を巻き終わりを下にして並べ、揚げ焼きにする。

ココで
とりわけ!

④ 両面焼けたらバットにのせ、子ども用2本×2食分をとりわけ、半分に切る。残りの大人用2食分はお好みでトマトケチャップをつけて食べる。

保存方法 1食分ずつラップに包んで冷凍する。

食べるとき **子ども用**:600Wの電子レンジで30秒ほど加熱後、オーブントースターで2〜3分焼く。
大人用:600Wの電子レンジで40〜50秒ほど加熱後、オーブントースターで2〜3分焼く。

❕🍴 カリカリポテト

> 揚げないから
> パパッと
> 作れて便利！

材料 （大人2食分＋子ども2食分）

じゃがいも … 3 個（450g）
オリーブオイル … 大さじ 2
塩 … ひとつまみ

追加調味料

塩 … 適宜

作り方

①
耐熱ボウルに皮をむいたじゃがいもを入れてふんわりとラップをし、600Wの電子レンジで3〜4分加熱し、マグカップの底などで軽くつぶす。

②
フライパンにオリーブオイルをひき、火をつける前に①を並べる。

③ **ココでとりわけ！**
弱めの中火で、できるだけ触らないよう注意しながらじっくり焼き、焦げ目がついたら塩をふり、子ども用1/6ほど×2食分をとりわける。

④
大人用2食分は残りの③にお好みの量の塩をふる。

保存方法 1食分ずつラップに包んで冷蔵する。

食べるとき **子ども用：**600Wの電子レンジで20秒ほど加熱後、オーブントースターで2〜3分焼く。
大人用：600Wの電子レンジで40秒ほど加熱後、オーブントースターで2〜3分焼く。

❕🍴 ジャーマンポテト

> ゴロゴロ
> おいもに
> みんな大喜び

材料 （大人2食分＋子ども2食分）

じゃがいも … 2 個（300g）
ブロックベーコン（またはウィンナー
　ソーセージでも可）… 80g
コンソメ（顆粒）… 少々
塩 … 少々
ごま油 … 適量

追加調味料

塩 … ひとつまみ
ブラックペッパー… 適宜

下準備

1 じゃがいもは2cmの角切りにし、水（分量外）の入った耐熱ボウルに5分ほど浸けてから水を捨てる。
2 ベーコンは1.5cmの角切りにする。

作り方

①
じゃがいもが入った耐熱ボウルにふんわりとラップをし、600Wの電子レンジで3分ほど加熱する。

②
フライパンにごま油をひいて火にかけ、①とベーコンを入れて焼き目をつける。

③ **ココでとりわけ！**
②にコンソメと塩を入れてなじませ、子ども用30gほど×2食分をとりわける。

④
大人用2食分は残りのフライパンに**追加調味料**を入れる。

保存方法 1食分ずつラップに包んで冷蔵する。

食べるとき **子ども用：**600Wの電子レンジで20秒ほど加熱する。冷たかったら10〜20秒ずつ加熱を追加。
大人用：600Wの電子レンジで40秒ほど加熱する。冷たかったら10〜20秒ずつ加熱を追加。

副菜レシピ 親子で食べられる

じゃがいも

🍴 デリ風 かぼちゃサラダ

甘いかぼちゃに
ヨーグルトの
酸味がいい感じ♪

材料 （大人2〜3食分＋子ども2食分）

かぼちゃ… 1/4 個（400g）
クリームチーズ … 30g
A マヨネーズ… 大さじ1
　プレーンヨーグルト … 大さじ2
　砂糖 … 小さじ1/2
　塩 … 少々
ドライパセリ … 適宜

追加調味料
マヨネーズ… 小さじ1
ブラックペッパー… 適量

下準備

クリームチーズは0.5cmの角切りにする。

作り方

① かぼちゃは水（分量外）で濡らしてラップで包み、600Wの電子レンジで3〜4分加熱する。

② ①のかぼちゃの皮を削ぎ、ボウルに入れ、マッシャーでつぶしてAを入れて混ぜる。

ココでとりわけ！

③ ②にクリームチーズを入れて混ぜ、子ども用40gほど×2食分をとりわける。

④ 大人用2〜3食分は残りの③に追加調味料を入れて混ぜる。大人用、子ども用両方に、お好みでパセリを散らす。

保存方法 1食分ずつラップに包んで冷凍する。

食べるとき 子ども用：600Wの電子レンジで30〜40秒加熱する。冷たかったら10〜20秒ずつ加熱を追加。
大人用：600Wの電子レンジで1分ほど加熱する。冷たかったら10〜20秒ずつ加熱を追加。

🍴 レンジでかぼちゃの煮物

時間があるときは
一度冷まして
召し上がれ！

材料 （大人2〜3食分＋子ども2食分）

かぼちゃ… 1/4 個（400g）
A 水 … 200ml
　酒 … 大さじ1
　みりん … 大さじ1
　しょうゆ … 小さじ2
　砂糖 … 小さじ1

追加調味料
しょうゆ … 小さじ2
砂糖 … 小さじ2

作り方

① かぼちゃは水（分量外）で濡らしてラップで包み、600Wの電子レンジで3〜4分加熱して、3〜4cmの角切りにする。

② 耐熱ボウルに①の皮を上にして入れ、Aを加えてふんわりとラップをし、600Wの電子レンジで3分30秒ほど加熱する。

ココでとりわけ！

③ かぼちゃをひっくり返してふんわりとラップをし、再度3分30秒ほど加熱する。子ども用かぼちゃ2個×2食分をとりわけ、皮をむいて汁適量を入れる。

④ 大人用2〜3食分は残りの③に追加調味料を入れ、ふんわりとラップをして600Wの電子レンジで2分ほど加熱して、味を染み込ませる。

保存方法 かぼちゃのみ1食分ずつラップに包んで冷凍する。

食べるとき 子ども用：600Wの電子レンジで40〜50秒加熱する。冷たかったら10〜20秒ずつ加熱を追加。
大人用：600Wの電子レンジで1分〜1分30秒加熱する。冷たかったら10〜20秒ずつ加熱を追加。

🍴 コールスロー

大人用は
マヨネーズで
まろやかに

材料（大人2食分+子ども2食分）

キャベツ … 4枚（200g）
きゅうり … 1本（100g）
ツナ（油漬け缶または水煮缶）… 1缶（70g）
コーン（水煮）… 50g
A マヨネーズ … 大さじ1/2
　砂糖 … 小さじ1
　酢 … 小さじ1
　塩 … 少々

追加調味料
マヨネーズ … 大さじ1
ブラックペッパー … 適量

下準備

キャベツときゅうりはせん切りにしてボウルに入れ、塩ひとつまみ（分量外）でもみ、3分ほどしたら水ですすぎ、ぎゅっとしぼって水気を切る。

作り方

① ココでとりわけ！

ボウルに入れたキャベツときゅうりに、油または汁気を切ったツナ、コーン、**A**を入れて混ぜ、子ども用40gほど×2食分をとりわける。

②

大人用2食分は残りの①に**追加調味料**を入れて混ぜる。

保存方法 1食分ずつ密封容器に入れて冷蔵する。
食べるとき **子ども用:** 加熱せずそのまま食べる。
　大人用: 加熱せずそのまま食べる。

🍴 キャベツの カレー炒め

2種のカレー粉で
大人も子どもも
大満足！

材料（大人2食分+子ども2食分）

キャベツ … 6枚（300g）
塩 … ひとつまみ
A 味つけカレーパウダー（甘口）… 小さじ1
　ウスターソース … 小さじ1/2
　砂糖 … 小さじ1/2
ごま油 … 適量

追加調味料
カレーパウダー … 小さじ1/2
塩 … 少々

下準備

キャベツはやや太めのせん切りにする。

子ども用は味つけカレーパウダー（甘口）のみを使い、大人用は仕上げにシンプルな香辛料のみのカレーパウダーを加えると、スパイシーに仕上げることができます。

作り方

①

フライパンにごま油をひいて火にかけ、キャベツと塩を入れてしんなりするまで炒める。

② ココでとりわけ！

①に**A**を入れて汁気がなくなるまで炒め、子ども用25gほど×2食分をとりわける。

③

大人用2食分は残りの②に**追加調味料**を入れ、炒め合わせる。

保存方法 1食分ずつラップに包んで冷凍する。
食べるとき **子ども用:** 600Wの電子レンジで40〜50秒加熱する。冷たかったら10〜20秒ずつ加熱を追加。
　大人用: 600Wの電子レンジで1分〜1分30秒加熱する。冷たかったら10〜20秒ずつ加熱を追加。

🍴 にんじんしりしり

材料 （大人2食分+子ども2食分）

にんじん … 1本（150g）
ツナ（油漬け缶）… 1缶（70g）
めんつゆ（3倍濃縮）… 小さじ 1/2
塩 … 少々
炒りごま（白）… 小さじ 1
ごま油 … 小さじ 1

追加調味料

めんつゆ（3倍濃縮）… 小さじ 1

下準備

にんじんは4cm長さの細切りにする。

ツナの旨味を
たっぷり吸った
にんじんが絶品

作り方

❶ フライパンにごま油をひいて火にかけ、にんじんと塩を入れてしんなりするまで炒める。

❷ ❶に油を軽く切ったツナを入れ、1分ほど炒める。

ココでとりわけ！
❸ ❷にめんつゆと炒りごまを加えて全体になじませ、子ども用20gほど×2食分をとりわける。

❹ 大人用2食分は残りの❸にめんつゆを入れ、全体になじませる。

保存方法 1食分ずつラップに包んで冷凍する。

食べるとき **子ども用：**600Wの電子レンジで40〜50秒加熱する。冷たかったら10〜20秒ずつ加熱を追加。
大人用：600Wの電子レンジで1分〜1分30秒加熱する。冷たかったら10〜20秒ずつ加熱を追加。

🍴 ほうれん草とにんじんのナムル

材料 （大人2食分+子ども2食分）

ほうれん草 … 1束（200g）
にんじん … 1/2本（75g）
A ごま油 … 小さじ 2
　鶏がらスープの素（顆粒）
　　… 小さじ 1/2
　しょうゆ … 小さじ 1/2
　炒りごま（白）… 小さじ 1

追加調味料

鶏がらスープの素（顆粒）… ひとつまみ
しょうゆ … 少々

下準備

1 ほうれん草は洗って根元を切り落とす。
2 にんじんは2〜3cm長さの細切りにする。

レンジで手軽。
食卓の彩り
アップにも！

作り方

❶ ほうれん草はラップに包み、600Wの電子レンジで2分ほど加熱し、冷水（分量外）にさらしてアクをとる。

❷ 耐熱容器ににんじんを入れ、ふんわりとラップをし、600Wの電子レンジで2分ほど加熱する。

❸ ❶のほうれん草を2〜3cm幅に切って水気をしぼり、にんじんとともにボウルに入れ、Aと和える。

ココでとりわけ！
❹ 子ども用30gほど×2食分をとりわける。大人用2食分は、残りに**追加調味料**を入れて混ぜる。

保存方法 1食分ずつラップに包んで冷凍する。

食べるとき **子ども用：**600Wの電子レンジで40〜50秒加熱する。冷たかったら10〜20秒ずつ加熱を追加。
大人用：600Wの電子レンジで1分〜1分30秒加熱する。冷たかったら10〜20秒ずつ加熱を追加。

🍴 にんじんガレット

材料 (大人2食分+子ども2食分)

にんじん … 1本 (150g)
じゃがいも … 1個 (150g)
A ピザ用チーズ … 30g
　薄力粉 … 大さじ1
　塩 … 少々
オリーブオイル … 適量

追加調味料

トマトケチャップ (または塩でも可)
　… 適宜

下準備

にんじんとじゃがいもは3~4cm長さの細切りにする。

大人用は
お酒のおつまみ
にもおすすめ!

作り方

❶ ボウルににんじん、じゃがいも、**A**を入れて混ぜる。

❷ フライパンにオリーブオイルをひいて火にかけ、①を広げてフライ返しで押さえながら焼く。

❸ フチが透き通ってきたらひっくり返し、裏面も同様にフライ返しで押さえながら焼き目がつくまで焼く。

ココで
とりわけ!

❹ 8等分に切り分け、子ども用1切れ×2食分をとりわける。残りの大人用2食分はお好みでトマトケチャップまたは塩をつけて食べる。

保存方法 1食分ずつラップに包んで冷凍する。

食べるとき **子ども用**：600Wの電子レンジで40~50秒加熱する。冷たかったら10~20秒ずつ加熱を追加。
大人用：600Wの電子レンジで1分~1分30秒加熱する。冷たかったら10~20秒ずつ加熱を追加。

🍴 にんじんのハニーバター

甘じょっぱくて
おやつ感覚で
食べられる♪

材料 (大人2食分+子ども2食分)

にんじん … 1本 (150g)
A はちみつ … 大さじ1/2
　バター … 5g
　水 … 大さじ3
　塩 … 少々

追加調味料

はちみつ … 小さじ1
塩 … 少々

下準備

にんじんは幅1cm×長さ4cmの拍子木切りにする。

作り方

❶ フライパンに**A**を入れて火にかけ、軽く混ぜたらにんじんを入れ、弱めの中火でたまににんじんをひっくり返しながら汁気がなくなるまで煮る。

❷ 汁気がなくなったら、中火にして焼き目をつける。

ココで
とりわけ!

❸ 子ども用3本×2食分をとりわける。大人用2食分は、**追加調味料**を入れてなじませる。

保存方法 1食分ずつラップに包んで冷凍する。

食べるとき **子ども用**：600Wの電子レンジで20~30秒加熱する。冷たかったら10~20秒ずつ加熱を追加。
大人用：600Wの電子レンジで1分~1分30秒加熱する。冷たかったら10~20秒ずつ加熱を追加。

副菜レシピ
親子で食べられる

にんじん／ほうれん草

🍴 さば缶ときゅうりのマヨサラダ

たんぱく質も
とれる
栄養満点サラダ

材料 （大人2食分+子ども2食分）

さば（水煮缶）… 1缶（190g）
きゅうり … 1本（100g）
A マヨネーズ … 小さじ2
　砂糖 … 小さじ1/4

追加調味料
マヨネーズ … 小さじ1
塩 … 少々
ブラックペッパー … 適量

下準備

きゅうりは薄い輪切りにして塩ひとつまみ（分量外）でもみ、3分ほどしたら水ですすぎ、ぎゅっとしぼって水気を切る。

作り方

1 ボウルに汁気を切ったさば、きゅうり、**A**を入れて和える。

ココで
とりわけ！

2 子ども用20gほど×2食分をとりわけ、大人用2食分は残りのボウルに**追加調味料**を入れて和える。

保存方法 大人用、子ども用それぞれ密封容器に入れて冷蔵する。

食べるとき **子ども用：**加熱せずそのまま食べる。
大人用：加熱せずそのまま食べる。

🍴 春雨サラダ

お酢入りだから
お弁当の
脇役にも◎

材料 （大人2食分+子ども2食分）

春雨（乾燥）… 60g
きゅうり … 1本（100g）
ハム … 4枚（60g）
A 卵 … 1個
　砂糖 … ひとつまみ
B しょうゆ … 大さじ1/2
　砂糖 … 小さじ1/2
　酢 … 小さじ1/2
　ごま油 … 小さじ1
　炒りごま（白）… 小さじ1
サラダ油 … 適量

追加調味料
しょうゆ … 小さじ1/2
酢 … 小さじ1/2

下準備

1 きゅうりは3.5cm長さの細切りにし、塩ふたつまみ（分量外）でもみ、3分ほどしたら水ですすぎ、ぎゅっとしぼって水気を切る。
2 ハムは3.5cm長さの細切りにする。
3 **A**は合わせる。

作り方

1 フライパンに薄くサラダ油をひいて火にかけ、**A**を流し入れて薄焼き卵を作り、3.5cmほどの長さの細切りにする。

2 春雨は、鍋に湯（分量外）を沸かし袋の表示時間通りにゆで、水で洗ってぎゅっとしぼる。

ココで
とりわけ！

3 ボウルにきゅうり、ハム、**①**、**②**、**B**を入れて和え、子ども用50gほど×2食分をとりわけ、春雨を食べやすい長さに切る。

4 大人用2食分は残りの**③**に**追加調味料**を入れて和える。

保存方法 大人用、子ども用それぞれ密封容器に入れて冷蔵する。

食べるとき **子ども用：**加熱せずそのまま食べる。
大人用：加熱せずそのまま食べる。

🍴 ポリポリきゅうり

材料 （大人2食分＋子ども2食分）

子ども用
きゅうり … 1/2 本（50g）
しょうゆ … 小さじ 1/2
ごま油 … 小さじ 1/2
鶏がらスープの素（顆粒）… 少々
炒りごま（白）… 適量

大人用
きゅうり … 1 と 1/2 本（150g）
ポン酢しょうゆ … 小さじ 2
ごま油 … 小さじ 1
鶏がらスープの素（顆粒）… ふたつまみ
炒りごま（白）… 適量

> ポリ袋に入れてもんで寝かせてできあがり！

きゅうりの皮をストライプにむくときは、ピーラーを使うと便利。ストライプにむくことで、味が染みやすくなり、見た目もおしゃれに仕上がります。

作り方

1 きゅうりをストライプに皮をむき、1cm幅の輪切りにする。

ココでとりわけ！

2 ポリ袋を2枚用意し、大人用、子ども用の材料をそれぞれ入れてもみ、冷蔵庫で20分ほど寝かせる。

保存方法 大人用、子ども用それぞれ密封容器に入れて冷蔵する。
食べるとき **子ども用:**加熱せずそのまま食べる。
大人用:加熱せずそのまま食べる。

副菜レシピ
親子で食べられる
さば／きゅうり／春雨

🍴 サラダスパゲティ

材料 （大人2食分＋子ども2食分）

サラダ用スパゲティ（乾燥）… 80g
ツナ（油漬け缶）… 1 缶（70g）
きゅうり … 1 本（100g）
にんじん … 1/3 本（50g）
A マヨネーズ … 大さじ 1
　めんつゆ（3 倍濃縮）… 小さじ 1/2
　塩 … ひとつまみ

追加調味料
マヨネーズ … 大さじ 1
塩 … ひとつまみ
ブラックペッパー … 適宜

下準備

1 きゅうりは3.5cm長さの細切りにし、塩ひとつまみ（分量外）でもみ、3分ほどしたらぎゅっとしぼって水気を切る。
2 にんじんは3.5cm長さの細切りにする。

> 副菜にも主食にもなるひと品

作り方

1 鍋に湯（分量外）を沸かしスパゲティとにんじんを入れ、袋の表示時間より1分ほど長くゆでる。ザルにあげて流水にさらし、水気を切る。

2 ボウルにきゅうり、油を軽く切ったツナ、①、Aを入れて和える。

ココでとりわけ！

3 子ども用50gほど×2食分をとりわけ、スパゲティを食べやすい長さに切る。大人用2食分は残りに**追加調味料**を入れて混ぜる。

保存方法 大人用、子ども用それぞれ密封容器に入れて冷蔵する。
食べるとき **子ども用:**加熱せずそのまま食べる。
大人用:加熱せずそのまま食べる。

🍴 マカロニサラダ

大人も子どもも大好きな副菜 人気No.1！

材料（大人2食分＋子ども2食分）

マカロニ（乾燥）… 100g
きゅうり … 1本（100g）
ハム … 3〜4枚（45〜60g）
ゆで卵 … 1個
A マヨネーズ … 大さじ1
　牛乳 … 大さじ1
　コンソメ（顆粒）… 小さじ1/4
　砂糖 … 小さじ1/2

オリーブオイル … 小さじ1

追加調味料
マヨネーズ … 大さじ1/2
塩 … 少々
ブラックペッパー … 適宜

下準備

1 きゅうりは薄い輪切りにして塩ひとつまみ（分量外）でもみ、3分ほどしたら水ですすぎ、ぎゅっとしぼって水気を切る。
2 ハムは2〜3cm長さの細切りにする。
3 ゆで卵は1.5cmの角切りにする。

作り方

①マカロニは、湯（分量外）で袋の表示時間通りにゆで、水気を切ってオリーブオイルを絡ませる。

②ボウルにきゅうり、ハム、ゆで卵、①、**A**を入れて和える。

ココでとりわけ！

③子ども用50gほど×2食分をとりわけ、大人2食分は残りに**追加調味料**を入れて和える。

保存方法 大人用、子ども用それぞれ密封容器に入れて冷蔵する。
食べるとき **子ども用：**加熱せずそのまま食べる。
　　　　　　　大人用：加熱せずそのまま食べる。

🍴 ほうれん草としらすのお浸し

定番のお浸しはしらすを加えて栄養アップ！

材料（大人2食分＋子ども2食分）

ほうれん草 … 1束（200g）
しらす干し … 20g
A めんつゆ（3倍濃縮）
　　… 大さじ1/2
　水 … 大さじ5
かつお節 … 適量

作り方

①ほうれん草は洗ってラップに包み、600Wの電子レンジで2分ほど加熱後、水にさらして水気をしぼり、3cm幅に切る。

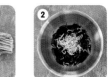

②ボウルに**A**を入れて混ぜ、しらす10gとほうれん草を入れて混ぜる。

ココでとりわけ！

③子ども用20gほど×2食分（汁も含む）をとりわける。

④大人用2食分は残りの③に、しらす10gを加えて和える。大人用、子ども用それぞれ器に盛り、かつお節を散らす。

保存方法 大人用、子ども用それぞれ密封容器に入れて冷蔵する。
食べるとき **子ども用：**加熱せずそのまま食べる。
　　　　　　　大人用：加熱せずそのまま食べる。

切り干し大根のごまマヨサラダ

ツナの旨味と
ごまの風味が
味を引き立てる

材料 （大人2食分+子ども2食分）

切り干し大根（乾燥）… 30g
きゅうり … 1本（100g）
ツナ（油漬け缶または水煮缶）… 1缶（70g）
A すりごま（白）… 大さじ1
　マヨネーズ … 大さじ1
　牛乳 … 大さじ1/2
　しょうゆ … 小さじ1/2
　塩 … 少々

追加調味料

マヨネーズ … 大さじ1
しょうゆ … 小さじ1/2
柚子こしょう … 適量

下準備

1 切り干し大根は水で戻し、水気をぎゅっとしぼって2cm長さに切る。
2 きゅうりは3.5cm長さの細切りにし、塩ひとつまみ（分量外）でもみ、3分ほどしたら水ですすぎ、ぎゅっとしぼって水気を切る。

作り方

① ボウルに切り干し大根、きゅうり、軽く油または汁気を切ったツナ、**A**を入れて和える。

ココで
とりわけ！

② 子ども用30gほど×2食分をとりわけ、大人用2食分は残りに**追加調味料**を入れて和える。

保存方法 大人用、子ども用それぞれ密封容器に入れて冷蔵する。
食べるとき **子ども用：**加熱せずそのまま食べる。
大人用：加熱せずそのまま食べる。

切り干し大根の煮物

ほんのり甘くて
子どもも
食べやすい

材料 （大人2食分+子ども2食分）

切り干し大根（乾燥）… 35g
にんじん … 1/2本（75g）
ちくわ … 2本（70g）
A 水 … 250ml
　酒 … 大さじ2
　みりん … 大さじ1
　しょうゆ … 小さじ2
　砂糖 … 小さじ1
ごま油 … 適量

追加調味料

しょうゆ … 小さじ2
みりん … 大さじ1
砂糖 … 小さじ1

下準備

1 切り干し大根は水で戻し、水気をぎゅっとしぼって2cm長さに切る。
2 にんじんとちくわはそれぞれ2cm長さの細切りにする。

作り方

① 鍋にごま油をひいて火にかけ、切り干し大根、にんじん、ちくわを入れて1〜2分炒める。

② ①に**A**を入れて落としぶたをし、弱めの中火で煮込む。

ココで
とりわけ！

③ 煮汁が少なくなったら子ども用30gほど×2食分をとりわけ、器に盛る。

④ 大人用2食分は残りの③に**追加調味料**を入れ、2分ほど煮込む。

保存方法 1食分ずつラップに包んで冷凍する。
食べるとき **子ども用：**600Wの電子レンジで40〜50秒加熱する。冷たかったら10〜20秒ずつ加熱を追加。
大人用：600Wの電子レンジで1分〜1分30秒加熱する。冷たかったら10〜20秒ずつ加熱を追加。

🍴 きゅうりとわかめの酢の物

お酢の量を調節し子どもでも食べやすく♪

材料 (大人2食分+子ども2食分)

きゅうり … 2本 (200g)
わかめ (乾燥) … 3g
A 酢 … 小さじ 1
　しょうゆ … 小さじ 1/2
　砂糖 … 小さじ 1/2
　かつお節 … 1g
炒りごま (白) … 適量

追加調味料
酢 … 小さじ 1/2
しょうゆ … 小さじ 1/2

下準備

1 きゅうりは薄切りにして塩ひとつまみ (分量外) でもみ、3分ほどしたら水ですすぎ、ぎゅっとしぼって水気を切る。
2 わかめは水 (分量外) で戻し、食べやすい大きさに切る。

作り方

ボウルにきゅうり、わかめ、Aを入れて和える。

ココでとりわけ!

子ども用30gほど×2食分をとりわけ、大人用2食分は残りに **追加調味料** を入れて和え、炒りごまをそれぞれにふる。

🍴 なすの焼き浸し

フライパンで揚げずに作るとろとろ焼き浸し

材料 (大人2食分+子ども2食分)

なす … 3本 (240g)
ごま油 … 大さじ 1

子ども用つけ汁
水 … 100ml
めんつゆ (3倍濃縮) … 大さじ 1/2

大人用つけ汁
水 … 150ml
めんつゆ (3倍濃縮) … 大さじ 1と1/2
酢 … 大さじ 1/2
鷹の爪 … 適宜

下準備

1 大人用のなす2本は縦半分に切る。残りの子ども用1本は縦4等分に切る。
2 1の皮面に斜めに切り込みを入れる。

作り方

フライパンに火をつける前にごま油をひき、なすを並べてなす全体にごま油をなじませてから火にかけ、全面焼き目がつくまで焼く。

ココでとりわけ!

子ども用、大人用それぞれの密封容器に **つけ汁** の材料を入れて混ぜ合わせ、①を入れて冷蔵庫で最低20分以上冷やす。子ども用4切れ×2食分は食べやすい大きさに切る。

🍴 トマトの マリネサラダ

こってりした
おかずの
おともに最適

材料 (大人2食分+子ども2食分)

トマト … 3個 (450g)
A 酢 … 小さじ1
　 レモン汁 … 小さじ1
　 砂糖 … 小さじ1
　 オリーブオイル … 小さじ1
　 めんつゆ (3倍濃縮) … 小さじ1/2

追加調味料

砂糖 … 大さじ1/2
酢 … 小さじ1

下準備

トマトの皮に十字に切り込みを入れて耐熱ボウルに入れ、熱湯を注いで15秒ほどおく。冷水で冷やして皮をむき、1/4ほどに切る。

作り方

ココで
とりわけ！

1 ボウルにトマトとAを入れて和え、子ども用2切れ×2食分をとりわけ、食べやすい大きさに切る。

2 大人用2食分は残りの①に**追加調味料**を入れて和える。

🍴 ツナ ラタトゥイユ

ラタトゥイユが
ワンボウル＆
レンチンで完成！

材料 (大人2食分+子ども2食分)

ツナ (水煮缶) … 1缶 (70g)
玉ねぎ … 1/2個 (100g)
黄パプリカ … 1/3個 (50g)
ズッキーニ … 1/4本 (50g)
なす … 1本 (80g)

A カットトマト (缶詰)
　 … 1/2缶 (200g)
　 トマトケチャップ … 小さじ2
　 砂糖 … 小さじ1
　 コンソメ (顆粒) … 小さじ1
　 オリーブオイル … 小さじ1

追加調味料

トマトケチャップ … 大さじ1
砂糖 … 小さじ1
塩 … ひとつまみ

下準備

玉ねぎ、黄パプリカ、ズッキーニ、なすはそれぞれ1cmの角切りにする。

作り方

1 耐熱ボウルに下準備した野菜、汁気を軽く切ったツナ、Aを入れて混ぜ、ふんわりとラップをして、600Wの電子レンジで4分30秒ほど加熱する。

2 一度とり出してかき混ぜ、再びふんわりとラップをし、4分30秒ほど加熱する。

ココで
とりわけ！

3 子ども用50gほど×2食分をとりわける。大人用2食分は残りに**追加調味料**を入れ、さらに2分30秒ほど加熱して味を染み込ませる。

❶❶ ブロッコリーの ペペロン

仕上げに 鷹の爪を加えて ピリッと大人味に

材料 （大人2食分+子ども2食分）

ブロッコリー… 8房（120g）
にんにく… 1かけ
A 水… 大さじ1
│ 塩… 少々
オリーブオイル… 大さじ1
塩… 少々

追加調味料
塩… ひとつまみ
鷹の爪（輪切り）… 適宜

下準備

1 にんにくはみじん切りにする。
2 ブロッコリーはよく洗い、食べやすい 大きさに切る。

作り方

1 耐熱ボウルにブロッコリーと**A**を入れ、ふんわりとラップをして600Wの電子レンジで3分ほど加熱する。

2 加熱して出てきた水分を、キッチンペーパーでふきとる。

3 フライパンにオリーブオイルとにんにくを入れて火にかけ、香りが立ったら**2**と塩を入れてなじませる。

ココでとりわけ！

4 子ども用15gほど×2食分をとりわけ、大人用は残りに**追加調味料**を入れて1分ほど炒める。

保存方法 1食分ずつラップに包んで冷凍する。

食べるとき **子ども用：** 600Wの電子レンジで20〜40秒加熱する。冷たかったら10〜20秒ずつ加熱を追加。
大人用： 600Wの電子レンジで1分ほど加熱する。冷たかったら10〜20秒ずつ加熱を追加。

❶❶ ブロッコリーとしらすの おかか和え

ビタミンや カルシウムが 一度にとれる！

材料 （大人2食分+子ども2食分）

ブロッコリー… 8房（120g）
A 水… 大さじ1
│ 塩… 少々
B しらす干し… 20g
│ かつお節… 1g
│ めんつゆ（3倍濃縮）… 小さじ1/2
しらす干し… 適量

追加調味料

めんつゆ（3倍濃縮）… 小さじ1/2

下準備

ブロッコリーはよく洗い、食べやすい大きさに切る。

作り方

1 耐熱ボウルにブロッコリーと**A**を入れ、ふんわりとラップをして600Wの電子レンジで3分ほど加熱する。

ココでとりわけ！

2 ボウルに**1**と**B**を入れて和え、子ども用20gほど×2食分をとりわける。

3 大人用2食分は、残りの**2**にしらすを足し、めんつゆをかけて和える。

保存方法 1食分ずつラップに包んで冷凍する。

食べるとき **子ども用：** 600Wの電子レンジで20〜40秒加熱する。冷たかったら10〜20秒ずつ加熱を追加。
大人用： 600Wの電子レンジで1分ほど加熱する。冷たかったら10〜20秒ずつ加熱を追加。

ひじきの煮物

**子ども用は
だしを効かせて
薄味でもおいしく**

材料 （大人2食分＋子ども2食分）

芽ひじき（乾燥）… 11g
にんじん … 1/3 本（50g）
ちくわ … 1本（35g）
A 酒 … 小さじ 2
　 しょうゆ … 小さじ 2
　 みりん … 小さじ 2
　 砂糖 … 小さじ 1
　 だし汁 … 100ml
ごま油 … 適量
大豆（水煮）… 10g

追加調味料

酒 … 小さじ 1
みりん … 小さじ 1
しょうゆ … 小さじ 1弱

下準備

1 ひじきは水（分量外）で戻し、ザルに
　 あげて水気を切る。
2 にんじんとちくわはそれぞれ3cm長
　 さの細切りにする。

作り方

① フライパンにごま油
をひいて火にかけ、に
んじんを入れてしん
なりするまで炒め、ひ
じき、ちくわを加えて
さっと炒める。

② ①にAを入れて、汁
気が少なくなるまで
強めの弱火で煮詰め
る。

**ココで
とりわけ!**

③ 汁気がなくなってき
たら、子ども用1/6ほど
×2食分をとりわけ
て、器に盛る。

④ 大人用2食分は残り
の③に大豆、**追加調
味料**を入れて煮詰め
る。

保存方法 1食分ずつラップに包んで冷凍する。

食べるとき **子ども用：**600Wの電子レンジで40〜50秒加熱する。冷たかっ
たら10〜20秒ずつ加熱を追加。
大人用：600Wの電子レンジで1分〜1分30秒加熱する。冷た
かったら10〜20秒ずつ加熱を追加。

ひじきのツナマヨサラダ

**ひじきと
ツナマヨの
相性抜群!**

材料 （大人2食分＋子ども2食分）

芽ひじき（乾燥）… 10g
きゅうり … 1本（100g）
ツナ（水煮缶）… 1缶（70g）
A マヨネーズ … 大さじ 1
　 砂糖 … ひとつまみ
　 塩 … 少々

追加調味料

マヨネーズ … 大さじ 1

下準備

1 ボウルにひじきと水200ml（分量外）を入れ
　 てふんわりとラップをし、600Wの電子レン
　 ジで2分ほど加熱する。
2 1をザルにあげて流水でさっとすすぎ、ぎゅっ
　 としぼる。
3 きゅうりは薄切りにして塩ひとつまみ（分量
　 外）でもみ、3分ほどしたら水ですすぎ、ぎゅっ
　 としぼって水気を切る。

作り方

① ボウルにひじき、きゅ
うり、汁気を切ったツ
ナ、Aを入れて和える。

**ココで
とりわけ!**

② 子ども用30gほど×
2食分をとりわける。
大人用2食分は残り
にマヨネーズを入れ
て和える。

保存方法 大人用、子ども用それぞれ密封容器に入れて冷蔵する。

食べるとき **子ども用：**加熱せずそのまま食べる。
大人用：加熱せずそのまま食べる。

🍴 きんぴらごぼう

野菜を細切りに
することで
味が染み込む♪

材料 (大人2食分+子ども2食分)

ごぼう … 1本 (150g)
にんじん … 1本 (150g)
A しょうゆ … 大さじ 1/2
　 酒 … 大さじ 2
　 みりん … 大さじ 1
　 砂糖 … 小さじ 1
ごま油 … 適量
炒りごま (白) … 小さじ 2

追加調味料
しょうゆ … 小さじ 2
みりん … 小さじ 2

下準備

1 ごぼうは4cmの長さの細切り
にし、5〜10分、水(分量外)にさ
らし、アクを抜いて水気を切る。

2 にんじんは4cm長さの細切り
にする。

作り方

1 フライパンにごま油を
ひいて火にかけ、ごぼ
うとにんじんを入れて
炒め、しっかりと火を
通す。

ココで
とりわけ!

2 ①に**A**を入れて汁気
がなくなるまで弱めの
中火で煮詰め、炒りご
まを加えて混ぜ、子ど
も用20gほど×2食
分をとりわける。

3 大人用2食分は残り
の②に**追加調味料**を
入れてさらに煮詰め
る。

保存方法
1食分ずつラップに包んで冷凍する。

食べるとき
子ども用:600Wの電子レンジで40〜50秒加熱する。冷たかっ
たら10〜20秒ずつ加熱を追加。
大人用:600Wの電子レンジで1分〜1分30秒加熱する。冷た
かったら10〜20秒ずつ加熱を追加。

🍴 和風しいたけマヨ

しいたけを
丸ごとおいしく
召し上がれ♪

材料 (大人2食分+子ども2食分)

しいたけ … 6個 (120g)
めんつゆ (3倍濃縮) … 小さじ 2と1/2
マヨネーズ … 適量

追加調味料
七味唐辛子 … 適宜

下準備

しいたけは石づきをとり、ホイルの上にかさの裏を上に向
けて並べる。

作り方

1 子ども用のしいたけ
2個に、めんつゆ小さ
じ1/4ずつ、マヨネー
ズ少々をかける。大
人用のしいたけ4個
には、めんつゆ小さじ
1/2ずつかける。マ
ヨネーズはお好みの
量をかける。

ココで
とりわけ!

2 オーブントースターで
7〜8分焼き、子ども
用1個×2食分はそれ
ぞれ4等分に切る。
大人用2食分はお好
みで七味唐辛子をか
ける。

保存方法
1食分ずつラップに包んで冷凍する。

食べるとき
子ども用:600Wの電子レンジで10〜20秒加熱する。冷たかっ
たら10〜20秒ずつ加熱を追加。
大人用:600Wの電子レンジで30〜40秒加熱する。冷たかった
ら10〜20秒ずつ加熱を追加。

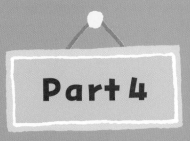

Part 4

体がぽかぽか温まる

親子で食べられる

スープレシピ

毎日の献立に欠かせないスープですが、
気がつくとワンパターンになってしまいがち。
本書を参考に、マンネリ打破を図りましょう。
大人用の味つけで作ってから水や牛乳で薄めるので、
そのまま食べるのにも、作りおきするのにも便利です。

🍴 ミネストローネ

材料 （大人2食分+子ども2食分）

玉ねぎ … 1/2 個 (100g)
にんじん … 1/2 本 (75g)
じゃがいも … 1個 (150g)
A カットトマト（缶詰）… 1缶 (400g)
　水 … 200ml
　トマトケチャップ … 大さじ1
　コンソメ（顆粒）… 小さじ1
　砂糖 … 小さじ1
　塩 … 小さじ1/2
オリーブオイル … 適量
ドライパセリ … 適宜

下準備

玉ねぎ、にんじん、じゃがいもは、それぞれ0.8cmの角切りにする。

子ども用は水でうすめて飲みやすく！

作り方

① 耐熱ボウルに、にんじんとじゃがいもを入れ、水大さじ1（分量外）を入れてふんわりとラップをし、600Wの電子レンジで2分ほど加熱する。

② 鍋にオリーブオイルをひいて火にかけ、玉ねぎと①を入れ、玉ねぎがしんなりするまで炒める。

③ ②にAを入れて弱火で15分ほど煮込む。

ココでとりわけ！

④ 子ども用80mlほど×2食分をとりわけ、水30mlずつ（分量外）を入れて薄める。お好みで大人用と子ども用ともにパセリを散らす。

保存方法 1食分ずつ耐熱密封容器に入れて冷蔵する。
食べるとき **子ども用：**600Wの電子レンジで40〜50秒加熱する。冷たかったら10〜20秒ずつ加熱を追加。
大人用：600Wの電子レンジで1分20秒〜1分30秒加熱する。冷たかったら10〜20秒ずつ加熱を追加。

🍴 トマトと卵のスープ

材料 （大人2食分+子ども2食分）

トマト … 1個 (150g)
卵 … 2個
A 水 … 600ml
　鶏がらスープの素（顆粒）… 小さじ2
　塩 … 小さじ1/2

追加調味料
ラー油 … 適宜

ふわふわ卵とトマトの酸味がマッチ♡

下準備

1 トマトは1.5cmの角切りにする。
2 卵は溶く。

作り方

① 鍋にAを入れて火にかける。

② 沸騰したらトマトを入れ、再び沸騰させる。

③ 溶き卵を入れて、ある程度固まってきたらやさしく混ぜる。

ココでとりわけ！

④ 子ども用80mlほど×2食分をとりわけ、水30mlずつ（分量外）を入れて薄める。大人用2食分はお好みでラー油を垂らす。

ぐらぐら沸騰しているところに卵を入れるとふわふわに！

保存方法 1食分ずつ耐熱密封容器に入れて冷蔵する。
食べるとき **子ども用：**600Wの電子レンジで40〜50秒加熱する。冷たかったら10〜20秒ずつ加熱を追加。
大人用：600Wの電子レンジで1分20秒〜1分30秒加熱する。冷たかったら10〜20秒ずつ加熱を追加。

🍴 クラムチャウダー

> あさり缶を
> 汁ごと使って
> おいしさアップ！

材料 （大人2食分+子ども2食分）

あさり（水煮缶）… 1缶（130g）
スライスベーコン … 40g
じゃがいも … 1個（150g）
にんじん … 1/2本（75g）
玉ねぎ … 1/2個（100g）
A 薄力粉 … 大さじ2と1/2
　 コンソメ（顆粒）… 小さじ1
　 塩 … 小さじ1/2
水 … 350ml
牛乳 … 210ml
バター… 5g

下準備

1 じゃがいもは1cmの角切りにし、5分ほど水（分量外）にさらして水気を切る。
2 にんじん、玉ねぎは1cmの角切り、ベーコンは1cm幅に切る。

作り方

① 耐熱ボウルにじゃがいも、にんじん、水大さじ1（分量外）を入れ、ふんわりとラップをして600Wの電子レンジで4分ほど加熱する。

② 鍋にバターを入れて火にかけ、玉ねぎを炒める。しんなりしたら①とベーコンを加えて1分ほど炒める。

③ ②にAを加えてなじませる。水、あさりを汁ごと加え、沸騰したら弱めの中火で2分ほど煮込み、牛乳150mlを加えてふつふつしたら火を止める。

> ココで
> とりわけ！

④ 子ども用80mlほど×2食分をとりわけ、牛乳30mlずつを入れて薄め、キッチンバサミであさりを小さく切る。

保存方法 1食分ずつ耐熱密封容器に入れて冷蔵する。

食べるとき **子ども用:** 600Wの電子レンジで40〜50秒加熱する。冷たかったら10〜20秒ずつ加熱を追加。
大人用: 600Wの電子レンジで1分20秒〜1分30秒加熱する。冷たかったら10〜20秒ずつ加熱を追加。

🍴 きのことベーコンの豆乳チャウダー

> マイルド&
> クリーミー！
> 飽きないおいしさ

材料 （大人2食分+子ども2食分）

しめじ … 2/5パック（40g）
スライスベーコン … 60g
キャベツ … 2枚（100g）
A 水 … 300ml
　 コンソメ（顆粒）… 小さじ2
　 塩 … ふたつまみ
無調整豆乳 … 300ml
バター… 5g

追加調味料

ブラックペッパー… 適宜

下準備

しめじは石づきを落としてほぐす。キャベツは2cm角、ベーコンは1cm幅に切る。

作り方

① 鍋にバターを入れて火にかけ、溶けたらしめじとベーコンを入れてさっと炒める。

② ①にキャベツとAを入れ、キャベツがしんなりするまで煮込む。

> ココで
> とりわけ！

③ ②に豆乳を入れ、ふつふつしたら沸騰させすぎないように火を止める。子ども用80mlほど×2食分をとりわけ、水30mlずつ（分量外）を入れて薄め、キッチンバサミでしめじを小さく切る。

④ 大人用2食分は残りの③を器に注ぎ、お好みでブラックペッパーをふる。

保存方法 1食分ずつ耐熱密封容器に入れて冷蔵する。

食べるとき **子ども用:** 600Wの電子レンジで40〜50秒加熱する。冷たかったら10〜20秒ずつ加熱を追加。
大人用: 600Wの電子レンジで1分20秒〜1分30秒加熱する。冷たかったら10〜20秒ずつ加熱を追加。

🍴 じゃがいものポタージュ

材料 （大人2食分＋子ども2食分）

じゃがいも … 2個（300g）
玉ねぎ … 1/2個（100g）
バター … 5g
A 水 … 250ml
　コンソメ（顆粒）… 小さじ1
　塩 … 小さじ2/3
牛乳（または豆乳でも可）… 260ml
ドライパセリ … 適宜

追加調味料

オリーブオイル … 適宜
ブラックペッパー … 適宜

下準備

1 玉ねぎは薄切りにする。
2 じゃがいもは半月切りの薄切りにし、水（分量外）にさらす。

とろとろ
なめらかで
やさしい味わい

作り方

① 鍋にバターを入れて火にかけ、玉ねぎを入れてしんなりするまで炒める。

② ①に水気を切ったじゃがいもと**A**を入れて沸騰したら弱火にし、じゃがいもに火が通るまで煮込む。

③ じゃがいもの中心を刺してみてすぐに崩れるほどの固さになったら、ブレンダーまたはミキサーでかくはんし、牛乳（200ml）を加え、ふつふつしたら火を止める。

ココでとりわけ！

④ 子ども用80mlほど×2食分をとりわけ、牛乳（30mlずつ）を入れて薄める。大人用2食分はお好みで**追加調味料**を加え、大人用、子ども用ともにお好みでパセリを散らす。

保存方法 1食分ずつ耐熱密封容器に入れて冷凍する。

食べるとき **子ども用：**600Wの電子レンジで1分30秒ほど加熱する。冷たかったら10〜20秒ずつ加熱を追加。
大人用：600Wの電子レンジで2分〜2分30秒加熱する。冷たかったら10〜20秒ずつ加熱を追加。

🍴 コーンポタージュ

材料 （大人2食分＋子ども2食分）

コーンクリーム（パック）… 2パック（380g）
※コーンクリームは湯で溶かす粉末タイプではなく、そのまま使える調理用のものを使用。
牛乳（または豆乳でも可）… 310ml
A コンソメ（顆粒）… 小さじ1
　砂糖 … 大さじ1
　塩 … ふたつまみ
　バター … 5g
ドライパセリ … 適宜

追加トッピング

フライドオニオン … 適宜
クルトン … 適宜

コーンクリーム
を使って
手軽にできる

作り方

① 鍋にコーンクリーム、牛乳（250ml）、**A**を入れて火にかける。混ぜながら温めて、ふつふつしたら火を止める。

ココでとりわけ！

② 子ども用80mlほど×2食分をとりわけ、牛乳（30mlずつ）を入れて薄める。大人用2食分にはお好みで**追加トッピング**を加え、大人用、子ども用ともにお好みでパセリを散らす。

保存方法 1食分ずつ耐熱密封容器に入れて冷凍する。

食べるとき **子ども用：**600Wの電子レンジで1分30秒ほど加熱する。冷たかったら10〜20秒ずつ加熱を追加。
大人用：600Wの電子レンジで2分〜2分30秒加熱する。冷たかったら10〜20秒ずつ加熱を追加。

🍴 にんじんの**ポタージュ**

材料 (大人2食分+子ども2食分)

にんじん … 1本 (150g)
玉ねぎ … 1/2個 (100g)
じゃがいも … 1個 (150g)
牛乳 (または豆乳でも可) … 260ml
バター … 5g
A 水 … 250ml
コンソメ (顆粒) … 小さじ1
塩 … 小さじ2/3
砂糖 … 小さじ2
オリーブオイル … 適量
パセリ … 適宜
B フライドオニオン … 適宜
クルトン … 適宜

下準備

にんじん、じゃがいもは薄めの半月切りにし、玉ねぎは薄切りにする。

タグ: にんじんが苦手な子どもも食べやすい♪

作り方

① 鍋にオリーブオイルをひいて火にかけ、にんじんと玉ねぎを入れて、玉ねぎがしんなりするまで炒める。

② ①にじゃがいもとAを入れ、じゃがいもに火が通るまで煮る。ブレンダーまたはミキサーでかくはんする。

③ ②に牛乳 (200ml) とバターを入れてふつふつしたら火を止める。

④ ココでとりわけ！
子ども用80mlほど×2食分をとりわけ、牛乳 (30mlずつ) を入れて薄める。大人用2食分は残りを器に注ぎ、お好みでBをのせる。大人用、子ども用ともにお好みでパセリを散らす。

保存方法 1食分ずつ耐熱密封容器に入れて冷凍する。

食べるとき **子ども用:** 600Wの電子レンジで1分30秒ほど加熱する。冷たかったら10〜20秒ずつ加熱を追加。
大人用: 600Wの電子レンジで2分〜2分30秒加熱する。冷たかったら10〜20秒ずつ加熱を追加。

🍴 かぼちゃの**ポタージュ**

材料 (大人2食分+子ども2食分)

かぼちゃ … 1/4個 (400g)
玉ねぎ … 1/2個 (100g)
A 水 … 200ml
コンソメ (顆粒) … 小さじ1
塩 … ひとつまみ
バター … 5g
牛乳 … 260ml
砂糖 … 小さじ1
ドライパセリ … 適宜

追加調味料
砂糖 … 小さじ1

タグ: 甘くてとろとろ。パンにつけて食べてもおいしい♪

下準備

1 かぼちゃは水 (分量外) で濡らしてラップに包み、600Wの電子レンジで5〜6分加熱する。
2 玉ねぎは薄切りにする。

作り方

① 鍋にバターをひいて火にかけ、玉ねぎがしんなりするまで炒める。

② ①に皮をとったかぼちゃとAを入れ、弱めの中火で5分ほど、かぼちゃをつぶしながら煮込む。

③ ココでとりわけ！
ブレンダーまたはミキサーでかくはんし、牛乳 (200ml) と砂糖を入れてふつふつしたら火を止め、子ども用80mlほど×2食分をとりわけ、牛乳 (30mlずつ) を入れて薄める。

④ 大人用2食分は残りに**追加調味料**を入れて混ぜて器に注ぐ。大人用、子ども用ともに、お好みでパセリを散らす。

保存方法 1食分ずつ耐熱密封容器に入れて冷凍する。

食べるとき **子ども用:** 600Wの電子レンジで1分30秒ほど加熱する。冷たかったら10〜20秒ずつ加熱を追加。
大人用: 600Wの電子レンジで2分〜2分30秒加熱する。冷たかったら10〜20秒ずつ加熱を追加。

🍴 ワンタンスープ

大人

子ども

> ワンタンを包まずにすぐできる♪

材料 (大人2食分+子ども2食分)

ワンタンの皮 … 5枚
鶏ひき肉 … 100g
長ねぎ … 1/2 本 (50g)
にんじん … 1/2 本 (75g)
A 水 … 600ml
　鶏がらスープの素 (顆粒) … 小さじ 2
　しょうゆ … 小さじ 1
塩 … ひとつまみ
ごま油 … 適量

追加調味料
ラー油 … 適宜

下準備
1 にんじんは3.5cm長さの細切りに、長ねぎは輪切りにする。
2 ワンタンの皮は4つに切りわける。

保存方法 1食分ずつ耐熱密封容器に入れて冷蔵する。

食べるとき **子ども用**：600Wの電子レンジで40〜50秒加熱する。冷たかったら10〜20秒ずつ加熱を追加。
大人用：600Wの電子レンジで1分20秒〜1分30秒加熱する。冷たかったら10〜20秒ずつ加熱を追加。

作り方

① 鍋にごま油をひいて火にかけ、ひき肉、にんじん、長ねぎ、塩を入れて肉に火が通るまで炒める。

② ①にAを入れて煮立たせ、にんじんに火が通ったら2のワンタンの皮を1枚ずつ入れ、1分ほど煮る。

> ココでとりわけ!

③ 子ども用80mlほど×2食分をとりわけ、水30mlずつ (分量外) を入れて薄める。大人用2食分にお好みでラー油を垂らす。

材料 (大人2食分+子ども2食分)

ウィンナーソーセージ … 3 本 (60g)
キャベツ … 2 枚 (100g)
にんじん … 1/3 本 (50g)
玉ねぎ … 1/2 個 (100g)
水 … 600ml
コンソメ (顆粒) … 小さじ 2
塩 … ふたつまみ

追加調味料
ブラックペッパー
　… 適量

下準備
1 ウィンナーは5mm幅の輪切りにする。
2 キャベツは2cm角のざく切り、にんじんは薄いいちょう切り、玉ねぎは薄切りにする。

作り方

① 鍋にウィンナー、キャベツ、にんじん、玉ねぎ、コンソメ、塩、水を入れ、フタをして10〜15分煮る。

> ココでとりわけ!

② 子ども用80mlほど×2食分をとりわけ、水30mlずつ (分量外) 入れて薄める。大人用2食分にはブラックペッパーをかける。

🍴 コンソメスープ

子ども

大人

> メイン料理を選ばず使いやすい♪

保存方法 1食分ずつ耐熱密封容器に入れて冷蔵する。

食べるとき **子ども用**：600Wの電子レンジで40〜50秒加熱する。冷たかったら10〜20秒ずつ加熱を追加。
大人用：600Wの電子レンジで1分20秒〜1分30秒加熱する。冷たかったら10〜20秒ずつ加熱を追加。

🍴 レタスと春雨のスープ

大人

子ども

> 包丁なしでパパッとかんたん!

保存方法 1食分ずつ耐熱密封容器に入れて冷蔵する。

食べるとき **子ども用**：600Wの電子レンジで40〜50秒加熱する。冷たかったら10〜20秒ずつ加熱を追加。
大人用：600Wの電子レンジで1分20秒〜1分30秒加熱する。冷たかったら10〜20秒ずつ加熱を追加。

材料 (大人2食分+子ども2食分)

レタス … 2 と 1/2 枚 (120g)
春雨 (乾燥) … 20g
A 水 … 600ml
　しょうゆ … 小さじ 1
　鶏がらスープの素 (顆粒) … 小さじ 2
炒りごま (白) … 小さじ 1

追加調味料
ごま油 … 適量

作り方

① 鍋にAを入れて煮立たせる。レタスをちぎりながら入れ、春雨を加えて、春雨が柔らかくなるまで煮る。

> ココでとりわけ!

② ①に炒りごまを入れ、子ども用80mlほど×2食分をとりわけ、水30mlずつ (分量外) 入れて薄める。春雨は食べやすい長さに切る。

③ 大人用2食分は器に注ぎ、ごま油を垂らす。

ほうれん草のすまし汁

さっぱりしてて
どんな料理
にも合う♪

子ども
大人

材料（大人2食分＋子ども2食分）

ほうれん草 … 1/2 束（100g）
しめじ … 1/2 パック（50g）
A だし汁 … 600ml
　しょうゆ … 小さじ 1
　塩 … ひとつまみ

作り方

① ほうれん草は水で洗ってラップに包み、600Wの電子レンジで2分ほど加熱する。水にさらして水気をしぼって、2cm幅に切る。

② 鍋にAを入れて煮立たせ、ほうれん草と石づきを落としたしめじを入れて、しめじが柔らかくなるまで煮込む。

ココでとりわけ！

③ 子ども用は80mlほど×2食分をとりわけ、水30mlずつ（分量外）を入れて薄め、キッチンバサミでしめじを小さく切る。

保存方法 1食分ずつ耐熱密封容器に入れて冷蔵する。
食べるとき **子ども用：**600Wの電子レンジで40～50秒加熱する。冷たかったら10～20秒ずつ加熱を追加。
大人用：600Wの電子レンジで1分20秒～1分30秒加熱する。冷たかったら10～20秒ずつ加熱を追加。

材料（大人2食分＋子ども2食分）

もやし … 1/2 袋（100g）
わかめ（乾燥）… 2g
A 水 … 600ml
　鶏がらスープの素（顆粒）… 小さじ 2
　塩 … ひとつまみ
ごま油 … 少々

下準備

わかめは水（分量外）で戻す。

作り方

① 鍋にAを入れて火にかけ、沸騰させる。

② ①にもやしと水気を切ったわかめを入れて、3分ほど煮たらごま油を垂らす。

ココでとりわけ！

③ 子ども用80mlほど×2食分をとりわけ、水30mlずつ（分量外）を入れて薄め、わかめをキッチンバサミで小さく切る。

もやしスープ

子ども
大人

短い時間で作れて
忙しい日も
大助かり！

保存方法 1食分ずつ耐熱密封容器に入れて冷蔵する。
食べるとき **子ども用：**600Wの電子レンジで40～50秒加熱する。冷たかったら10～20秒ずつ加熱を追加。
大人用：600Wの電子レンジで1分20秒～1分30秒加熱する。冷たかったら10～20秒ずつ加熱を追加。

わかめスープ

子ども
大人

ごま油の香りが
ほっとする
やさしい味わい

保存方法 1食分ずつ耐熱密封容器に入れて冷蔵する。
食べるとき **子ども用：**600Wの電子レンジで40～50秒加熱する。冷たかったら10～20秒ずつ加熱を追加。
大人用：600Wの電子レンジで1分20秒～1分30秒加熱する。冷たかったら10～20秒ずつ加熱を追加。

材料（大人2食分＋子ども2食分）

わかめ（乾燥）… 2g
長ねぎ … 1/2 本（50g）
A 水 … 600ml
　鶏がらスープの素（顆粒）… 小さじ 2
　しょうゆ … 小さじ 1/2
ごま油 … 少々
炒りごま（白）… 適量

下準備

1 長ねぎは輪切りにする。
2 わかめは水（分量外）で戻す。

作り方

① 鍋にAを入れて火にかけて、沸騰したら長ねぎと水気をぎゅっとしぼったわかめを入れる。

② 長ねぎに火が通ったらごま油と炒りごまを入れて混ぜ、火を止める。

ココでとりわけ！

③ 子ども用80mlほど×2食分をとりわけ、水30mlずつ（分量外）を入れて薄め、わかめをキッチンバサミで小さく切る。

豆腐とわかめの**みそ汁**

豆腐とわかめの相性抜群な王道みそ汁!

大人

子ども

材料（大人2食分＋子ども2食分）

豆腐 … 1/2丁（150g）
わかめ（乾燥）… 1g
だし汁 … 600ml
みそ … 大さじ2

下準備

1 豆腐は2cmの角切りにする。
2 わかめは水（分量外）で戻す。

作り方

1 鍋にだし汁と、水気をぎゅっとしぼったわかめ、豆腐を入れて煮立たせる。

2 火を止めてみそを溶き入れる。

ココでとりわけ!

3 子ども用80mlほど×2食分をとりわけ、水30mlずつ（分量外）を入れて薄める。

保存方法 1食分ずつ耐熱密封容器に入れて冷蔵する。

食べるとき **子ども用**：600Wの電子レンジで40～50秒加熱する。冷たかったら10～20秒ずつ加熱を追加。
大人用：600Wの電子レンジで1分20秒～1分30秒加熱する。冷たかったら10～20秒ずつ加熱を追加。

材料（大人2食分＋子ども2食分）

さつまいも … 1本（250g）
にんじん … 1/3本（50g）
玉ねぎ … 1/2個（100g）
だし汁 … 600ml
みそ … 大さじ2

下準備

1 さつまいもは0.5cm幅のいちょう切りにし、水（分量外）にさらす。
2 にんじんは0.5cm幅のいちょう切りに、玉ねぎは薄切りにする。

作り方

1 鍋にだし汁を入れて火にかけ、沸騰したらさつまいも、にんじん、玉ねぎを入れて柔らかくなるまで煮る。

2 火を止めてみそを溶き入れる。

ココでとりわけ!

3 子ども用80mlほど×2食分をとりわけ、水30mlずつ（分量外）を入れて薄める。

さつまいもの**みそ汁**

大人

子ども

さつまいものやさしい甘さが引き立つ

保存方法 1食分ずつ耐熱密封容器に入れて冷蔵する。

食べるとき **子ども用**：600Wの電子レンジで40～50秒加熱する。冷たかったら10～20秒ずつ加熱を追加。
大人用：600Wの電子レンジで1分20秒～1分30秒加熱する。冷たかったら10～20秒ずつ加熱を追加。

大根と油揚げの**みそ汁**

大人

子ども

油揚げを加えることで旨味アップ!

材料（大人2食分＋子ども2食分）

大根 … 1/5本（180g）
油揚げ … 1枚（30g）
だし汁 … 600ml
みそ … 大さじ2

下準備

1 大根は、1cm幅×3.5cm長さの短冊切りにする。
2 油揚げは熱湯（分量外）をかけて油抜きし、横半分に切った後、1.5cm幅に切る。

作り方

1 鍋にだし汁を入れて火にかけ、沸騰したら大根と油揚げを入れて、大根に火が通るまで煮る。

2 火を止めてみそを溶き入れる。

ココでとりわけ!

3 子ども用80mlほど×2食分をとりわけ、水30mlずつ（分量外）を入れて薄める。

保存方法 1食分ずつ耐熱密封容器に入れて冷蔵する。

食べるとき **子ども用**：600Wの電子レンジで40～50秒加熱する。冷たかったら10～20秒ずつ加熱を追加。
大人用：600Wの電子レンジで1分20秒～1分30秒加熱する。冷たかったら10～20秒ずつ加熱を追加。

❖ じゃがいもと玉ねぎのみそ汁

> ほくほくの
> じゃがいもが
> みそとマッチ♪

材料 （大人2食分＋子ども2食分）

じゃがいも … 1個 (150g)
玉ねぎ … 1/2 個 (100g)
だし汁 … 600ml
みそ … 大さじ2
小ねぎ … 適宜

下準備

1 じゃがいもは5mm幅のいちょう切りにし、水（分量外）にさらす。
2 玉ねぎは薄切りにする。

作り方

①
鍋にだし汁を入れて火にかけ、煮立ったらじゃがいもと玉ねぎを入れてじゃがいもに火が通るまで煮る。

②
火を止めてみそを溶き入れる。

> ココで
> とりわけ！

③
子ども用80mlほど×2食分をとりわけ、水30mlずつ（分量外）を入れて薄める。大人用2食分はお好みで小口切りにした小ねぎを散らす。

保存方法 1食分ずつ耐熱密封容器に入れて冷蔵する。

食べるとき **子ども用：**600Wの電子レンジで40〜50秒加熱する。冷たかったら10〜20秒ずつ加熱を追加。
大人用：600Wの電子レンジで1分20秒〜1分30秒加熱する。冷たかったら10〜20秒ずつ加熱を追加。

❖ 落とし卵のみそ汁

> 卵入りで
> まろやかに！
> 満足感も十分

材料 （大人2食分＋子ども2食分）

卵 … 3個
長ねぎ … 1/2 本 (50g)
だし汁 … 600ml
みそ … 大さじ2
小ねぎ … 適宜

> 卵は7分〜8分ほどで半熟、11分〜12分ほどで固ゆでになります。お子さまの成長や好みに合わせて調節してください。

下準備

長ねぎは薄い輪切りにする。

作り方

①
鍋にだし汁を入れて火にかけ、長ねぎを入れてひと煮立ちさせる。

②
卵を割り落とし、弱火でフタをして卵に火を通す。火を止めてみそを溶き入れる。

> ココで
> とりわけ！

③
子ども用80mlほど×2食分をとりわけ、水30mlずつ（分量外）を入れて薄める。大人用2食分はお好みで小口切りにした小ねぎを散らす。

保存方法 1食分ずつ冷蔵保存して、なるべく早く食べきる。

食べるとき **子ども用：**鍋などに移して加熱して食べる。
大人用：鍋などに移して加熱して食べる。

🍴 豚汁

> **具材たっぷり！みそ汁を主役で食べたい日に◎**

材料 （大人2食分＋子ども2食分）

豚ロース薄切り肉 … 150g
大根 … 8cm (200g)
長ねぎ … 1本 (100g)
にんじん … 1/2本 (75g)
ごぼう … 1/2本 (75g)
みそ … 大さじ3
A だし汁 … 600ml
　 酒 … 大さじ2
　 みりん … 大さじ1
ごま油 … 適量

追加調味料
七味唐辛子 … 適宜

下準備

1 大根、にんじんは0.5cm幅のいちょう切りに、長ねぎは斜め薄切りにする。
2 ごぼうは3～4cm長さの斜め薄切りにしてから細切りにし、水（分量外）にさらす。
3 豚肉は3cm幅に切る。

作り方

① 鍋にごま油をひいて火にかけ、豚肉を入れて炒める。肉の色が変わってきたらごぼうを加え、さらに1分ほど炒める。

② ①に大根、にんじん、長ねぎを入れて2～3分炒める。

③ ②に**A**を入れてフタをし、弱めの中火で15分ほど煮込む。野菜に火が通ったら、火を止めてみそを溶き入れる。

ココでとりわけ！

④ 子ども用80mlほど×2食分をとりわけ、水30mlずつ（分量外）を入れて薄める。大人用2食分はお好みで七味唐辛子をふる。

保存方法 1食分ずつ耐熱密閉容器に入れて冷蔵する。
食べるとき **子ども用：**600Wの電子レンジで40～50秒加熱する。冷たかったら10～20秒ずつ加熱を追加。
大人用：600Wの電子レンジで1分20秒～1分30秒加熱する。冷たかったら10～20秒ずつ加熱を追加。

🍴 豚肉と白菜のごまみそスープ

> **とろとろ白菜が最高！大人はピリ辛味に**

材料 （大人2食分＋子ども2食分）

豚肩ロース肉（しゃぶしゃぶ用）
　… 150g
白菜 … 150g
A 水 … 600ml
　 みりん … 小さじ1
　 しょうゆ … 小さじ1
　 鶏がらスープの素（顆粒）… 小さじ1
みそ … 大さじ1と1/2
すりごま（白）… 大さじ1

追加調味料
豆板醤 … 適宜

下準備

1 白菜は3cm角に切る。
2 豚肉は3cm幅に切る。

作り方

① 鍋に**A**を入れて火にかけ、煮立たせる。

② 豚肉と白菜を入れ、白菜がくたっとするまで煮る。途中アクが出たらとり除く。

③ 弱火にし、すりごまとみそを入れて溶き混ぜる。

ココでとりわけ！

④ 子ども用80mlほど×2食分をとりわけ、水30mlずつ（分量外）を入れて薄める。大人用はお好みで豆板醤を入れる。

保存方法 1食分ずつ耐熱密閉容器に入れて冷蔵する。
食べるとき **子ども用：**600Wの電子レンジで40～50秒加熱する。冷たかったら10～20秒ずつ加熱を追加。
大人用：600Wの電子レンジで1分20秒～1分30秒加熱する。冷たかったら10～20秒ずつ加熱を追加。

🍴 かき玉スープ

とろみのある スープで 体が温まる！

材料 （大人2食分+子ども2食分）

卵 … 1個
長ねぎ … 1/2本（50g）
にんじん … 1/3本（50g）
だし汁 … 600ml
A しょうゆ … 大さじ1/2
　塩 … ふたつまみ
水溶き片栗粉
　… 片栗粉小さじ2 +水大さじ3

下準備

1 長ねぎは薄い輪切り、にんじんは3〜
　4cm長さの細切りにする。
2 卵は溶く。

作り方

1 鍋にだし汁を入れて火にかけ、煮立ったら長ねぎ、にんじん、**A**を入れて10分ほど煮る。

2 沸騰しているところに溶き卵を流し入れ、軽くかき混ぜる。

3 卵に火が通ったら火を止めて再びかき混ぜ、水溶き片栗粉を入れ、再び弱火で加熱しとろみをつける。

ココでとりわけ！

4 子ども用80mlほど×2食分をとりわけ、水30mlずつ（分量外）を入れて薄める。

保存方法 1食分ずつ耐熱密封容器に入れて冷蔵する。

食べるとき **子ども用：**600Wの電子レンジで40〜50秒加熱する。冷たかったら10〜20秒ずつ加熱を追加。
大人用：600Wの電子レンジで1分20秒〜1分30秒加熱する。冷たかったら10〜20秒ずつ加熱を追加。

🍴 鶏ねぎ塩スープ

鶏とねぎの 旨み溶け出す クセになる味

材料 （大人2食分+子ども2食分）

鶏もも肉 … 100g
長ねぎ … 1/2本（50g）
塩 … 少々
A 水 … 600ml
　鶏がらスープの素（顆粒）… 小さじ2
ごま油 … 適量
炒りごま（白）… 適量
小ねぎ … 適宜

下準備

1 鶏肉は2cmの角切りにし、塩で下味をつける。
2 長ねぎは薄い輪切りにする。

作り方

1 鍋にごま油をひき、鶏肉を入れて焼き目がつくまで炒める。

2 ①に長ねぎと**A**を入れ、長ねぎに火が通るまで煮る。

3 **ココでとりわけ！**
②に炒りごまを入れ、子ども用80mlほど×2食分をとりわけ、水30mlずつ（分量外）を入れて薄める。

4 大人用2食分は器に盛り、お好みで小口切りにした小ねぎを散らす。

保存方法 1食分ずつ耐熱密封容器に入れて冷蔵する。

食べるとき **子ども用：**600Wの電子レンジで40〜50秒加熱する。冷たかったら10〜20秒ずつ加熱を追加。
大人用：600Wの電子レンジで1分20秒〜1分30秒加熱する。冷たかったら10〜20秒ずつ加熱を追加。

🍴 もやしとほうれん草の担々スープ

> 辛味が調節
> できるから
> 大人も大満足！

材料 （大人2食分+子ども2食分）

豚ひき肉 … 100g
もやし … 1/2 袋 (100g)
ほうれん草 … 1/2 束 (100g)
A みそ … 小さじ 1/2
　みりん … 小さじ 2
　しょうゆ … 小さじ 1/2
鶏がらスープの素 （顆粒） … 小さじ 2
水 … 600ml
炒りごま （白） … 小さじ 1
ごま油 … 適量

追加調味料
豆板醤 … 適宜

作り方

① ほうれん草は洗ってラップに包み、600Wの電子レンジで2分ほど加熱後、水にさらしてぎゅっとしぼり、2〜3cm幅に切る。

② 鍋にごま油をひいて火にかけ、ひき肉を入れて汁気がなくなるまで炒める。

③ ②に鶏がらスープの素と水、合わせたAを入れる。沸騰したらもやしとほうれん草を加えて2分ほど煮る。

（ココでとりわけ！）

④ ③に炒りごまを入れ、子ども用80mlほど×2食分をとりわけ、水30mlずつ（分量外）を入れて薄める。大人用2食分はお好みで豆板醤を加える。

保存方法 1食分ずつ耐熱密封容器に入れて冷蔵する。

食べるとき **子ども用：** 600Wの電子レンジで40〜50秒加熱する。冷たかったら10〜20秒ずつ加熱を追加。
大人用： 600Wの電子レンジで1分20秒〜1分30秒加熱する。冷たかったら10〜20秒ずつ加熱を追加。

🍴 手羽元とキャベツのスープ

> 炊飯器で
> お肉ほろほろ
> とろけるおいしさ

材料 （大人2食分+子ども2食分）

鶏手羽元 … 4 本 (200g)
キャベツ … 5 枚 (250g)
玉ねぎ … 1/2 個 (100g)
にんじん … 1/2 本 (75g)
水 … 500ml
酒 … 大さじ 2
鶏がらスープの素 （顆粒） … 小さじ 2
塩 … 小さじ 2/3

追加調味料
柚子こしょう … 適宜

下準備

キャベツは4cm角のざく切り、玉ねぎは0.5cm幅の薄切り、にんじんは0.5cm幅の輪切りにする。

作り方

① 炊飯器（5.5合炊きを使用）に**追加調味料**以外の材料をすべて入れて、普通炊飯する。

② 炊き上がったら手羽元をほぐし、骨をとり除く。

（ココでとりわけ！）

③ 子ども用80mlほど×2食分をとりわけ、水30mlずつ（分量外）を入れて薄める。大人用2食分はお好みで柚子こしょうを加える。

保存方法 1食分ずつ耐熱密封容器に入れて冷蔵する。

食べるとき **子ども用：** 600Wの電子レンジで40〜50秒加熱する。冷たかったら10〜20秒ずつ加熱を追加。
大人用： 600Wの電子レンジで1分20秒〜1分30秒加熱する。冷たかったら10〜20秒ずつ加熱を追加。

親子で食べられる

Part 5

甘い系からしょっぱい系まで！

親子で食べられる

おやつレシピ

甘い系からしょっぱい系まで、
子どもも大人も大好きなおやつの作り方をご紹介。
前後の食事のバランスを踏まえ、
食べるおやつの種類や量を決めて楽しみましょう。

幼児の「おやつ」の基本

おやつというと甘いスイーツを想像しがちですが、幼児にとってのおやつは、
成長に必要なエネルギーを摂取するための栄養源のひとつ。
子どもの健やかな成長を守るために、
食べる内容や量、時間などに注意して正しく与えることが大切です。

おやつは必要な栄養を補う「第4の食事」
甘いものの食べすぎに注意しよう

大人にとってのおやつは、スイーツやスナック菓子など、お腹と心を満たす「ご褒美」としての側面が強いですが、まだ一度にたくさんの食事をとれない幼児にとっておやつは、成長に必要な栄養を補う「補食」として重要な役割があります。そのため、砂糖がたっぷりと入ったスイーツよりは、おにぎりやパン、いも類といった炭水化物食品を中心に、ビタミンやミネラルが豊富な野菜や果物などをとり入れるのがおすすめです。ケーキやクッキーといった甘いおやつは、毎日食べるのはできるだけ避け、特別な日のご褒美として適量をたまに与える程度にとどめましょう。

私のおやつレシピの大人、子どもそれぞれの食数はあくまで目安です。子ども用の1食分の数、量は守りつつ、レシピ全体の大人用と子ども用の食数の配分は、お好みで自由に変えて作ってOKです！

食べる内容

不足しがちな栄養を補えるものがベター

体を動かすエネルギー源となる炭水化物食品を中心に、たんぱく質が補えるヨーグルトやチーズ、ビタミンやミネラルが補えるフルーツなど、その日の食事で不足しがちな栄養が入ったものをチョイスしましょう。

飲み物

水、麦茶、牛乳がおすすめ

甘いジュースはできるだけ避け、水や麦茶などをおやつといっしょのタイミングで用意しましょう。ゼリーなど低カロリーのおやつを与えるときは、牛乳などの飲み物と組み合わせるのがおすすめです。

食べる量

1日の摂取エネルギーの10〜15％が目安

おやつとして摂取するカロリーは、年齢に合った1日の必要摂取エネルギーの10〜15％。幼児食前期（1歳半〜2歳頃）ならおよそ90〜140kcal、幼児食後期（3歳〜5歳頃）なら、125〜195kcalが目安です。本書では幼児食前期から食べられるレシピを掲載しています。3歳以上の子どもに与える場合は、前後の食事や成長に合わせて量を調節してください。

時間と回数

食事との間隔が2〜3時間空くように

おやつを食べる時間は、食事に影響が出にくい食事と食事の間に与えるのが理想。幼児食前期は午前10時と午後3時の2回、幼児食後期では午後3時の1回が目安です。

バナナの
やさしい甘さで
ほっとひと息♪

🍴 バナナスコーン

保存方法　1個ずつラップに包んで冷凍する。
食べるとき　1個につき、600Wの電子レンジで20〜30秒加熱し、
　　　　　　トースターで2〜3分焼く。

材料（大人3食分+子ども3食分）

ホットケーキミックス … 170g
バナナ … 1本（100g）
米油（またはサラダ油でも可）… 大さじ1

追加トッピング
板チョコ … 適宜

下準備
1　板チョコは小さく割る。
2　オーブンは170℃に予熱する。

作り方

① ポリ袋にバナナを入れてつぶす。

② ①にホットケーキミックスと米油を入れて、
もみながら混ぜる。

③ 天板にオーブンシートを敷き、②を袋から
出して厚さ2cmほどにのばし、ざっくりと
9等分に切って、それぞれ少し離して並べる。

ココで
とりわけ！

④ 子ども用3個（3食分）はそのままで、大人
用3食分はお好みで板チョコをのせ、170
℃のオーブンで20〜25分焼く。

ウィンナーパン

見た目も味も
まるで
パン屋さん！

材料（大人4食分＋子ども4食分）

※直径6cm×高さ2cmのアルミカップ6個分。

ウィンナーソーセージ … 6本（120g）
A ホットケーキミックス … 130g
牛乳 … 100ml
マヨネーズ … 大さじ1
トマトケチャップ … 適量

追加調味料
マヨネーズ … 適量

下準備

オーブンは180℃に予熱する。

作り方

1 ボウルに**A**を入れて混ぜる。

2 アルミカップに①を1/6ほどずつ入れ、ウィンナーを1本ずつのせる。

ココで
とりわけ！

3 子ども用2個（4食分）はトマトケチャップを少なめ、大人用4食分は多めにかけ、大人用のみマヨネーズをかける。

4 180℃のオーブンで15分ほど焼き、子ども用2個はそれぞれ半分に切る。

保存方法
アルミカップを外して、1食分ずつラップに包んで冷凍する。

食べるとき
子ども用：600Wの電子レンジで20～30秒加熱する。冷たかったら10～20秒ずつ加熱を追加。
大人用：600Wの電子レンジで40～50秒加熱する。冷たかったら10～20秒ずつ加熱を追加。

マヨコーンパン

大人はマヨネーズ
たっぷりで
召し上がれ♪

材料（大人4食分＋子ども4食分）

※直径6cm×高さ2cmのアルミカップ6個分。

コーン（水煮）… 50g
A ホットケーキミックス … 130g
牛乳 … 100ml
マヨネーズ … 大さじ1
スライスチーズ … 1と1/2枚
マヨネーズ … 適量

下準備

1 スライスチーズ1枚は十字に切って4等分、残りの1/2枚は半分に切る。
2 オーブンは180℃に予熱する。

作り方

1 ボウルに**A**を入れて混ぜる。アルミカップに1/6ほどずつ入れる。

ココで
とりわけ！

2 スライスチーズは1切れずつ、コーンは1/6ずつのせる。マヨネーズは子ども用2個（4食分）には少なめ、大人用4食分には多めにかける。

3 180℃のオーブンで15分ほど焼き、子ども用2個はそれぞれ半分に切り、さらに半分に切って4等分に切る。

保存方法 アルミカップを外して、1食分ずつラップに包んで冷凍する。

食べるとき **子ども用：**600Wの電子レンジで20～30秒加熱する。冷たかったら10～20秒ずつ加熱を追加。
大人用：600Wの電子レンジで40～50秒加熱する。冷たかったら10～20秒ずつ加熱を追加。

🍴 チーズ蒸しパン

材料少なめで
かんたん！
朝食にも◎

材料 （大人2食分＋子ども3食分）

※1ブロック50mlのフリージング容器5ブロック分（フリージング容器がない場合は、シリコン容器で代用可。）

ホットケーキミックス … 70g
牛乳 … 大さじ5
スライスチーズ … 3枚
オリーブオイル … 適量

下準備

フライパンのフタはタオルで覆う。

作り方

1 耐熱ボウルにスライスチーズ2枚をちぎって入れ、ラップをかけずに600Wの電子レンジで30〜40秒加熱して溶かす。

2 ①にホットケーキミックスと牛乳を入れて混ぜる。

ココで
とりわけ！

3 50mlのフリージング容器にオリーブオイルを塗り、6分目ほどの高さまで生地を入れ、大人用2食分の上に残りのスライスチーズ1枚をちぎってのせる。

4 フライパンに1.5cmほどの高さまで水（分量外）を入れて火をかける。沸騰したらキッチンペーパーを敷き③をのせ、タオルを巻いたフタをして12分ほど蒸す。

保存方法　1食分ずつラップに包んで冷凍する。

食べるとき　600Wの電子レンジで30〜40秒加熱する。冷たかったら10〜20秒ずつ加熱を追加。

🍴 栄養たっぷりマフィン

不足しがちな
ビタミン＆
ミネラルたっぷり！

材料 （大人3食分＋子ども3食分）

※底径4cm×高さ3.6cmのマフィンカップ6個分。

A ホットケーキミックス … 100g
　牛乳 … 80ml
　溶かしバター … 20g
　卵 … 1個
バナナ … 1本（100g）
小松菜 … 1/10束（30g）

追加トッピング
チョコチップ（または板チョコでも可）… 適量

下準備

1　小松菜はみじん切りにする。
2　バナナは飾り用に6枚輪切りにし、残りは生地練り込み用にとっておく。
3　オーブンは180℃に予熱する。

作り方

1 ボウルにAを入れて混ぜ、小松菜と輪切りにしていないバナナを手でつぶしながら加えて混ぜる。

ココで
とりわけ！

2 マフィンカップに6分目まで①を入れ、輪切りにしたバナナをのせる。子ども用3個（3食分）はそのまま、大人用3食分にはチョコチップをのせ、180℃のオーブンで20分ほど焼く。

保存方法　1食分ずつラップに包んで冷凍する。

食べるとき　600Wの電子レンジで40〜50秒加熱する。冷たかったら10〜20秒ずつ加熱を追加。

🍴 豆腐ドーナツ

豆腐で作る
ふわふわ
ひと口おやつ

材料 （大人2食分＋子ども3食分）

※7個分。

ホットケーキミックス … 75g
絹ごし豆腐 … 1/3丁（100g）
揚げ油 … 適量

追加トッピング
粉糖 … 適宜

作り方

1 ポリ袋にホットケーキミックスと豆腐を入れ、もみながら混ぜる。

2 袋の下端を切り、180℃の揚げ油の中に、ひと口サイズに箸でしぼり出しながらそっと落とす。

3 ココでとりわけ！

コロコロひっくり返しながら揚げ、きつね色になったらバットにあげて粗熱をとる。子ども用1個×3食分はキッチンバサミで半分に切る。

4 大人用2食分はお好みで粉糖をふる。

保存方法
常温保存でなるべく早く食べきる。

食べるとき
加熱せずそのまま食べる。

🍴 米粉のクレープ

お好みで
フルーツを
添えても◎

材料 （大人1食分＋子ども1食分）

※3枚分。

A 米粉 … 大さじ5
　牛乳（または豆乳でも可）
　　… 140ml
　砂糖 … 小さじ1
　卵 … 1個
バター… 適量
砂糖 … 適量

追加トッピング
砂糖 … 適宜
ホイップクリーム … 適宜
メープルシロップ … 適宜

作り方

1 ボウルにAを入れて混ぜる。

2 フライパンにバターを入れて火にかけ、①を1/3ほど流し入れて薄く広げ、両面を焼く。これを合計3枚作る。

3 ココでとりわけ！

②に砂糖をまぶして折りたたみ、子ども用1枚×1食分はとりわける。残りの大人用1食分はお好みで**追加トッピング**をして器に盛る。

保存方法 追加トッピングをする前に、密封容器に入れて冷蔵する。

食べるとき **子ども用：**加熱せず、そのまま食べる。
　　　　　　大人用：加熱せず、お好みで追加トッピングをして食べる。

🍴 米粉クッキー

材料 （大人2〜3食分＋子ども2食分）

※15枚分。

米粉 … 70g
バター… 35g
メープルシロップ … 大さじ1
牛乳 … 大さじ1/2

追加トッピング

チョコチップ … 適宜

下準備

1 バターを冷蔵庫から出して、常温に戻す。
2 天板にオーブンシートを敷く。
3 オーブンは180℃に予熱する。

サクサク
ほろほろ
素朴なおいしさ

保存方法
常温保存でなるべく早く食べきる。

食べるとき
加熱せずそのまま食べる。

作り方

❶ ポリ袋に追加トッピング以外のすべて材料を入れ、にぎりつぶすようにこねる。

❷ ①の生地がしっとりまとまってきたら、ポリ袋の上から手で転がし15cmほどの長さの筒状に整える。

❸ ②を1cmほどの厚さに切る（生地が柔らかくて切りにくい場合は、一旦冷蔵庫で冷やしてから切る）。

❹ ココでとりわけ！
天板に❸を並べ、子ども用3枚×2食分を除いた残りの大人用2〜3食分に、お好みでチョコチップをのせる。180℃のオーブンで20分ほど焼く。

🍴 オートミールクッキー

材料 （大人4食分＋子ども4食分）

※16枚分。

オートミール … 70g
米粉 … 40g
砂糖 … 大さじ1
米油 … 大さじ2 〜 3
※米油の量は、生地のまとまり具合によって調節して下さい。
牛乳 … 大さじ3
塩 … ひとつまみ

追加トッピング

レーズン … 適宜
ミックスナッツ … 適宜

下準備

1 天板にオーブンシートを敷く。
2 オーブンは170℃に予熱する。

ザクザク新食感！
大人用はトッピングで楽しんで♪

保存方法 常温保存でなるべく早く食べきる。

食べるとき 加熱せずそのまま食べる。

作り方

❶ ボウルに追加トッピング以外のすべての材料を入れ、しっとりするまで混ぜ、ひとまとめにする。

❷ ココでとりわけ！
16枚ほどに分けて天板に薄く広げ、子ども用1枚×4食分はそのまま、大人用4食分はお好みで**追加トッピング**をのせ、170℃のオーブンで20分ほど焼く。

🍴 レアチーズケーキ

> 火を使わず
> 混ぜて
> 冷やすだけ！

材料 （大人2食分＋子ども2食分）

※グラス4個分。

ギリシャヨーグルト … 100g
クリームチーズ … 100g
砂糖 … 小さじ1
いちごジャム
　（お好みのジャムで可） … 適量
ビスケット … 4〜5枚（15g）

追加トッピング

クッキー … 適宜

作り方

① ボウルにヨーグルト、クリームチーズ、砂糖を入れてよく混ぜる。

② ビスケットを手で砕きながらグラスに1/4ほどずつ入れる。

③ ②に①を1/4ほどずつ入れる。

ココでとりわけ！

④ 子ども用2個（2食分）はジャムを少量のせ、大人用2食分は、多めにジャムをのせ、お好みでクッキーをのせる。

保存方法

1食分ずつラップをして冷蔵する。

食べるとき

加熱せずそのまま食べる。

🍴 プリン

> なめらかプリンが
> 家にある材料で
> すぐできる

材料 （大人2食分＋子ども2食分）

※4個分。

卵 … 2個
牛乳 … 200ml
砂糖 … 小さじ5

カラメルソース

砂糖 … 大さじ1
水 … 小さじ1/2
湯 … 小さじ1/2

下準備

1 耐熱ボウルに牛乳を入れ、ふんわりとラップをして600Wの電子レンジで30秒ほど加熱し、温める。
2 卵は溶く。

作り方

① 1の牛乳が温かいうちに砂糖小さじ5を混ぜ、溶き卵をこしながら加えてよく混ぜる。耐熱容器に1/4ほどずつ流し入れる。

② フライパンに容器の2/3ほどの高さまで水（分量外）を入れて火にかけ、沸騰したらキッチンペーパーを敷き、①を並べる。

ココでとりわけ！

③ フタをして極弱火で10分ほど蒸し（固まりが不充分だったら2〜3分熱して様子を見る）、粗熱がとれたら冷蔵庫で冷やして、子ども用2個（2食分）をとりわける。

④ フライパンに砂糖大さじ1と水を入れて火にかけ、**カラメルソース**を作る。茶色く透き通ってきたら湯を加えて混ぜ、大人用2食分のプリンにかける。

保存方法

1食分ずつラップをして冷蔵する。

食べるとき

加熱せずそのまま食べる。

🍴 フルーツゼリー

フルーツ缶を使って手軽に作れる♪

材料 （大人2食分＋子ども2食分）

フルーツ缶のフルーツ … 380g
フルーツ缶のシロップ … 大さじ2
ゼラチン（粉末）… 5g
熱湯 … 100ml
レモン汁 … 小さじ1

下準備

1 フルーツ缶をフルーツとシロップにわける。
2 シロップは大さじ2を別の容器にとりわける。
3 フルーツ缶のフルーツは食べやすい大きさに切る。

作り方

1 ガラス容器にフルーツを敷きつめる。

2 耐熱容器にゼラチンと熱湯を入れ、よく混ぜてゼラチンを溶かす。

3 シロップ、レモン汁、❷を混ぜ合わせ、❶に流し入れる。冷蔵庫に入れ、冷やし固める。

ココでとりわけ！

4 固まったら子ども用1/6ほど×2食分をとりわける。残りの大人用2食分にはとりわけておいたシロップをかける。

保存方法
1食分ずつラップをして冷蔵する。

食べるとき
加熱せずそのまま食べる。

🍴 ミルクみかん寒天

大人用は練乳のちょい足しで甘さをプラス♪

材料 （大人2食分＋子ども2食分）

みかん缶のみかん … 100g
みかん缶のシロップ … 大さじ2
水 … 100ml
寒天パウダー … 2g
牛乳 … 150ml
砂糖 … 小さじ2

追加トッピング
練乳 … 適宜

下準備

1 ガラス容器にみかんを敷き詰める。
2 シロップは大さじ2を別の容器にとりわける。

作り方

1 小鍋に水と寒天パウダーを入れて火にかける。沸騰したら弱火にして、1分ほど混ぜる。

2 火を止めて牛乳、砂糖、みかん缶のシロップを入れて混ぜる。

3 みかんを敷いたガラス容器に❷を流し入れ、冷蔵庫で冷やし固める。

ココでとりわけ！

4 固まったら子ども用1/6ほど×2食分をとりわける。残りの大人用2食分にはお好みで練乳をかける。

保存方法
1食分ずつラップをして冷蔵する。

食べるとき
加熱せずそのまま食べる。

🍴 りんごのコンポート

材料（大人1食分+子ども2食分）

りんご … 1個（350g）
砂糖 … 大さじ 1/2
レモン汁 … 小さじ 2
バター … 5g

追加調味料

シナモン … 適宜

下準備

りんごは2～3cmの角切りにする。

作り方

1 耐熱ボウルに追加調味料以外のすべての材料を入れ、ふんわりとラップをして600Wの電子レンジで4分ほど加熱する。

2 一度とり出して混ぜ、再びふんわりとラップをして3分30秒ほど加熱する。

ココでとりわけ！

3 粗熱がとれたら冷蔵庫に入れて冷やす。子ども用1/4ほど×2食分をとりわけ、残りの大人用1食分はお好みでシナモンをかける。

シナモンをかけるだけで大人味に変身♪

保存方法 1食分ずつラップに包んで冷凍する。

食べるとき **子ども用：**600Wの電子レンジで30～40秒加熱する。冷たかったら10～20秒ずつ加熱を追加。
大人用：600Wの電子レンジで1分ほど加熱する。冷たかったら10～20秒ずつ加熱を追加。

🍴 フルーツヨーグルト

材料（大人1食分+子ども2食分）

バナナ … 1本（100g）
キウイ … 1個（150g）
りんご … 1/3個（100g）
プレーンヨーグルト … 大さじ 3
はちみつ … 小さじ 1

追加調味料

はちみつ … 適量

下準備

バナナは0.5cm幅の輪切りに、キウイは0.5cm幅のいちょう切りにする。りんごは0.5cm幅のひと口サイズに切る。

作り方

1 ボウルにカットしたフルーツ、ヨーグルト、はちみつを入れて混ぜる。

ココでとりわけ！

2 子ども用1/4ほど×2食分をとりわける。大人用1食分は残りにはちみつをかける。

朝食やおやつにピッタリ！お腹の調子も整う

保存方法 1食分ずつラップをして冷蔵する。

食べるとき 加熱せずそのまま食べる。

🍴 スティック大学いも

フライパン
ひとつで
すぐできちゃう

材料（大人2食分+子ども2食分）

さつまいも … 1本（250g）
A しょうゆ … 小さじ1
　　はちみつ … 大さじ1/2
　　みりん … 小さじ2
炒りごま（黒）… 適量
ごま油 … 適量

追加調味料
塩 … 適宜

下準備

さつまいもは4〜5cm長さ×0.5cm
幅の細切りにして、水（分量外）に5
分ほど浸けて水気を切る。

作り方

① フライパンにごま油をひき、さつまいもを入れて2分ほど炒める。

② 弱火にして水大さじ3（分量外）を入れ、フタをしてさつまいもが柔らかくなるまで加熱する。

③ ②をフライパンの端に寄せ、空いたスペースに合わせたAを入れ、ぐつぐつしてきたらさつまいもと絡め、炒りごまを和える。

ココでとりわけ！
④ 子ども用1/6ほど×2食分をとりわけ、残りの大人用2食分は、お好みで塩を加える。

保存方法 1食分ずつラップに包んで冷凍する。

食べるとき **子ども用：** 600Wの電子レンジで30〜40秒加熱する。冷たかったら10〜20秒ずつ加熱を追加。
　　　　　　大人用： 600Wの電子レンジで40〜50秒加熱する。冷たかったら10〜20秒ずつ加熱を追加。

🍴 しっとり焼きいも

栄養満点の
さつまいもは
おやつに最適♪

材料（大人2〜3食分+子ども3食分）

さつまいも … 3本（750g）

追加調味料
岩塩 … 適宜

下準備

1 天板にオーブンシートを敷く。
2 オーブンは170℃に予熱する。

作り方

① 洗ったさつまいもをオーブンシートの上に置き、フォークで刺して全体にまんべんなく穴を開ける。

ココでとりわけ！
② 170℃のオーブンで90分ほど焼き、子ども用1本（3食分）は食べやすい大きさに切る。大人用2〜3食分は残りにお好みで岩塩をふる。

保存方法 1食分ずつラップに包んで冷凍する。

食べるとき **子ども用：** 600Wの電子レンジで40〜50秒加熱する。冷たかったら10〜20秒ずつ加熱を追加。
　　　　　　大人用： 600Wの電子レンジで1分〜1分20秒加熱する。冷たかったら10〜20秒ずつ加熱を追加。

🍴 おもちでおかき

おもちでサクサク！
2種の味が同時
に味わえる♪

材料 （大人2食分＋子ども2食分）

切りもち … 2個
ごま油 … 小さじ2
A きな粉 … 適量
　砂糖 … 適量
B 青のり … 適量
　塩 … 適量

追加調味料
塩 … 適宜
砂糖 … 適宜

下準備

1 切りもちは、0.5cmの角切りにする。
2 天板にホイルを敷く。

保存方法
常温保存でなるべく早く食べきる。
食べるとき
加熱せずそのまま食べる。

※おかきの誤えんが心配なときは、さらに細かく砕いて与えましょう。

作り方

❶ ボウルに切りもちとごま油を入れて和える。

❷ ホイルの上に、❶の切りもち同士がくっつかないように並べ、オーブントースターで15分ほど焼く。

❸ **ココでとりわけ！** ポリ袋を2枚用意し、それぞれ**A**と**B**を入れ、❷を半量ずつ加えてふる。子ども用は、それぞれのポリ袋から1/6ほど×2食分ずつをとりわける。

❹ 残りの大人用2食分は、❸にお好みで**追加調味料**を足して味を調節する。

🍴 のり塩れんこん

食べすぎ注意！
手を出したら
止まらない味わい

材料 （大人2食分＋子ども2食分）

れんこん … 150g
A 片栗粉 … 小さじ2
　塩 … ひとつまみ
　青のり … ふたつまみ
ごま油 … 大さじ1

追加調味料
塩 … 適宜

下準備

れんこんは1.5cmの角切りにし、酢水（分量外・水500ml当たり酢大さじ1が目安）に浸ける。

作り方

❶ れんこんはキッチンペーパーで水気を拭きとり、ポリ袋に**A**とともに入れてふる。

❷ フライパンにごま油をひいて火にかけ、❶を入れて焼き目がつくまで焼く。

❸ **ココでとりわけ！** ❷をバットにあげ、子ども用1/6ほど×2食分をとりわける。大人用2食分にはお好みで塩をふる。

保存方法 1食分ずつラップに包んで冷凍する。
食べるとき **子ども用：**600Wの電子レンジで30〜40秒加熱する。冷たかったら10〜20秒ずつ加熱を追加。
大人用：600Wの電子レンジで40〜50秒加熱する。冷たかったら10〜20秒ずつ加熱を追加。

🍴 ハッシュドポテト

冷めても
おいしいから
お弁当にも◎

材料 （大人2食分+子ども2食分）

じゃがいも … 2個（300g）
片栗粉 … 大さじ1
塩 … 小さじ1/2
米油（またはサラダ油でも可）… 適量

追加調味料
塩 … 適宜
ドライパセリ … 適宜

下準備

じゃがいもは0.8cmの角切りにする。

保存方法
1食分ずつラップに包んで冷凍する。

食べるとき
子ども用：600Wの電子レンジで30〜40秒加熱する。冷たかったら10〜20秒ずつ加熱を追加。
大人用：600Wの電子レンジで1分ほど加熱する。冷たかったら10〜20秒ずつ加熱を追加。

作り方

① 耐熱容器にじゃがいもと水大さじ1（分量外）を入れ、ふんわりとラップをして600Wの電子レンジで3〜4分加熱する。

② ①をマッシャーで粒が残る程度に粗くつぶし、片栗粉と塩を混ぜる。6等分してそれぞれ楕円に形成する。

ココで
とりわけ！

③ フライパンに米油を多めにひき、②を焼く。両面に焼き色がついたらバットにあげ、子ども用1枚×2食分をとりわける。

④ 大人用は、残りの③にお好みで追加調味料をかける。

🍴 パンの耳ラスク

材料 （大人1食分+子ども2食分）

食パンの耳（8枚切り）… 4枚分（16本）
溶かしバター… 10g
砂糖 … 小さじ2

追加調味料
砂糖 … 適宜

下準備

オーブントースターのトレーにホイルを敷く。

保存方法 常温保存でなるべく早く食べきる。
食べるとき 加熱せずそのまま食べる。

トースターによって焼き加減が変わるので、様子を見て焦げる前にとり出してください。

揚げずにサクサク！
パンの耳を
大量消費！

作り方

① ホイルにパンの耳を並べ、オーブントースターで3分ほど焼く。

ココで
とりわけ！

② 一度とり出して溶かしバターと砂糖をまんべんなくふり、再び3分ほど焼く。子ども用4本×2食分をとりわけ、残りの大人用1食分にはお好みで砂糖をふる。

特別な日の子どもイベントレシピ

お正月・子どもの日・ハロウィン・クリスマス……

子どもが見た目に癒されるハロウィンの日のごはんなど、イベントが盛り上がること間違いなし！のレシピを、考えました。一見難しそうに見えて、実は手軽に作れる料理ばかりなので、思いきってチャレンジしてみてください。

子ども用の味つけにしたおせち料理や、キュートな

1/1 お正月

🍴 伊達巻

材料（子ども3〜4食分）

はんぺん … 1/2枚（50g）
卵 … 2個
みりん … 小さじ1
しょうゆ … 小さじ1/2
砂糖 … 小さじ2
米油（またはサラダ油でも可）
　… 適量

保存方法 密閉容器に入れて冷蔵する。
食べるとき 加熱せずそのまま食べる。

作り方

① 米油以外のすべての材料をフードプロセッサーに入れ、なめらかになるまでかくはんする（フードプロセッサーがない場合は、ブレンダーやミキサーでもOK）。

② フライパンに薄く米油をひいて①を流し入れ、弱めの中火でじっくりと両面を焼く。

③ 最初に焼いた面を下にして巻きすの上にのせ、くるくると巻いて粗熱をとり、食べやすい大きさに切り、器に盛る。

🍴 松風焼き

材料（子ども4食分）

鶏ひき肉 … 100g
長ねぎ … 3/10本（30g）
A 片栗粉 … 大さじ1
　みそ … 小さじ1
　みりん … 小さじ1
　しょうゆ … 小さじ1/2
　ごま油 … 小さじ1/2

炒りごま（白）… 適量
ごま油 … 適量

下準備

長ねぎはみじん切りにする。

保存方法 1食分ずつラップに包んで冷凍する。
食べるとき 600Wの電子レンジで30〜40秒加熱する。足りなかったら10〜20秒ずつ加熱を追加。

作り方

① ボウルにひき肉、長ねぎ、Aを入れて粘りが出るまでよく混ぜる。

② 卵焼き器に薄くごま油をひき、①を厚み1.5cmほどになるよう均等に広げて焼く。

③ 焼き目がついたら裏返し、隙間に水（分量外）を1/3ほどの高さまで入れ、フタをして蒸し焼きにする。

④ 火が通ったら火を止め、炒りごまを散らして8等分に切りわけ、器に盛る。

新年のはじまりは家族いっしょにおせち料理を食べてスタート! 大人用のおせち料理は味つけが濃いものが多いので、子ども用は薄味で作ると安心して与えられます。

🍴 八幡巻き

材料 (子ども4食分)

豚ロース薄切り肉 … 120g
にんじん … 2/3 本(100g)
じゃがいも … 2/3 個(100g)
薄力粉 … 適量

A しょうゆ … 小さじ 1
みりん … 小さじ 1
砂糖 … ふたつまみ
ごま油 … 適量

下準備

じゃがいもとにんじんは4〜5cm長さの棒状に細く切る。

保存方法 1食分ずつラップに包んで冷凍する。
食べるとき 600Wの電子レンジで30〜40秒加熱する。冷たかったら10〜20秒ずつ加熱を追加。

作り方

① 耐熱容器にじゃがいもとにんじん、水少量(分量外)を入れてふんわりとラップをし、600Wの電子レンジで2分30秒ほど加熱する。

② 豚肉を広げ、①を市松模様になるよう2列×2段でのせ、手前から奥に向かってくるくると巻く。

③ ②に薄力粉をまぶし、ごま油をひいたフライパンに巻き終わりを下にして入れ、全面を焼いて豚肉に火を通す。

④ Aを合わせて③に入れて煮絡め、食べやすい大きさに切る。

保存方法 密閉容器に入れて冷蔵する。
食べるとき 加熱せずそのまま食べる。

🍴 紅白なます

材料 (子ども3食分)

大根 … 1/12 本 (80g)
にんじん … 2/5 本 (60g)
塩 … 少々
A レモン汁 … 小さじ 1/2
はちみつ … 小さじ 1

下準備

大根とにんじんは4cm長さの細切りにし、塩をかけて混ぜ合わせ10分おく。

作り方

にんじんと大根を水で洗い、ぎゅっとしぼってボウルに入れ、Aと混ぜ合わせる。

🍴 りんごきんとん

材料 (子ども6食分)

りんご … 2/5 個 (120g)
さつまいも … 2/3 本 (160g)
レモン汁 … 小さじ 1/2

下準備

りんごとさつまいもは2cmの角切りにして、さつまいもは水を張ったボウルに5分ほどつける。

作り方

① 耐熱容器にりんごと水気を切ったさつまいもを入れ、ふんわりとラップをして600Wの電子レンジで3分30秒ほど加熱する。

② ①にレモン汁を加え、マッシャーなどでつぶす。

保存方法 密閉容器に入れて冷蔵する。
食べるとき 加熱せずそのまま食べる。

ひなまつり

桃の節句とも呼ばれるひなまつりは、ピンクを基調としたかわいい色合いでまとめると、春らしい雰囲気が演出できます。

🍴 カラフルちらし寿司

材料（子ども1食分）

ごはん … 80〜100g
オクラ … 3g
サラダえび … 2尾（12g）
アボカド … 1/10個（12g）
コーン（水煮）… 20g
マヨネーズ … 小さじ1/4
刻みのり … 適量
しょうゆ … 少々

作り方

器にごはんを盛り、下準備したオクラ、サラダえび、アボカド、コーンをのせる。その上に刻みのりをのせ、しょうゆをかける。

下準備

1 オクラは湯（分量外）でゆで、ザルにあげて水気を切る。
2 サラダえびは1cmの角切りに、オクラは0.5cm幅に、アボカドは1.5cmの角切りにする。
3 コーンはマヨネーズと和える。

保存方法 容器にラップをして冷蔵し、なるべく早く食べきる。

食べるとき 加熱せずそのまま食べる。

🍴 3色フルーツヨーグルト

材料（子ども2食分）

いちご … 3個（45g）
キウイ … 1個（150g）
ヨーグルト … 適量

下準備

キウイは細かく刻み、いちご1個は飾る用に縦に4等分し、残りの2個は細かく刻む。

作り方

① ガラス容器を2つ用意し、キウイをそれぞれ敷き詰める。

② ①の上にヨーグルトをキウイと同量程度入れる。

③ 刻んだいちごを半量ずつのせ、その上に飾り用のいちごをのせる。

ヨーグルトはギリシャヨーグルトなど、かための ものを使うと崩れにくく、きれいに仕上がります。

保存方法 1食分ずつラップをして冷蔵し、なるべく早く食べきる。

食べるとき 加熱せずそのまま食べる。

こどもの日

こどもの日の大人気モチーフ、「カブト」と「こいのぼり」をイメージ! かわいい料理に子どもも喜ぶこと間違いなし!

🍴 ハムチーズカブト

材料 (子ども3食分)

春巻きの皮 (ミニサイズ) … 6枚
ハム … 2枚
スライスチーズ … 1枚
揚げ油 … 適量

下準備

ハムとチーズは小さく切る。

折り方

① 春巻きの皮1枚を三角になるように半分に折る。
② ①の上下を反対向きにする。
③ 両端の頂点 (●) を下側の頂点 (★) に合わせて折る。
④ ●を上の頂点 (▲) に合わせて折る。
⑤ ④で折った●の先端を斜めに折る。
⑥ 2枚重なっている★の1枚のみを上におり上げる。これを合計6個作る。

作り方

① 春巻きの皮をカブトに折り (折り方 参照)、カブトの中にチーズとハムを1/6ほどずつ入れ、下の三角部分を中に折り込んで形を整える。残りも同様にする。

② フライパンに揚げ油を入れ、①を入れて両面に焼き色がつくまで揚げ焼きにし、バットにあげて粗熱をとる。2個×3食分を皿に盛る。

保存方法 1食分ずつラップに包んで冷凍する。

食べるとき 600Wの電子レンジで20秒ほど加熱後、オーブントースターで2~3分焼く。

🍴 こいのぼりおにぎり

材料 (子ども1食分)

ごはん … 90g
お好みのふりかけ … 適量
焼きのり … 適量

作り方

① ごはんは30gずつラップに包み、片側をくぼませてこいのぼりの形を作る。

② 頭の部分をラップで覆い、お好みのふりかけをつける。

③ ラップを外し、のりで目をつける。同じものを、後2つ作る。

保存方法 1食分ずつラップに包んで冷凍する。

食べるとき 600Wの電子レンジで40~50秒加熱する。冷たかったら10~20秒ずつ加熱を追加。

ハロウィン

子どもたちが大好きなカレーやピザといったメニューが、おばけやミイラなど、ちょっぴり怖くてとってもキュートなモチーフたちに大変身！ パーティーメニューとしておすすめです。

おばけカレー

材料 （子ども1食分）

ごはん … 80 〜 100g

カレー
（子ども用のレトルトカレー、または、
P.89 の野菜たっぷりカレーライスでも可）… 適量

焼きのり … 適量

トマトケチャップ … 適量

作り方

1 器にカレーを盛り、おばけの形に整えたごはんをのせる。

2 のりで目と口を、トマトケチャップでほっぺを描く。

保存方法 容器にラップをして冷蔵する。

食べるとき 600Wの電子レンジで1分〜1分30秒加熱する。冷たかったら10〜20秒ずつ加熱を追加。

ミイラウィンナー

材料 （子ども3食分）

餃子の皮 … 2 枚
ウィンナーソーセージ … 3 本
スライスチーズ … 1 枚
焼きのり … 適量

下準備

餃子の皮は細く切る。

作り方

1 丸く切ったスライスチーズの中心に、チーズよりも小さく丸く切ったのりをつける。

2 細く切った餃子の皮の端に水（分量外）をつけて、ウィンナーに巻いていく。

3 オーブントースターで3〜4分焼き、粗熱をとる。

4 ③に①の目をつけて完成。

※ウィンナーの誤えんが心配なときは、ウィンナーを縦半分に切ってから与えましょう。

保存方法 常温保存でなるべく早く食べきる。

食べるとき 加熱せずそのまま食べる。

🍴 おばけピザ

材料 (子ども2食分)

餃子の皮 … 6枚
A ツナ (油漬け缶) … 1缶 (70g)
　コーン (水煮) … 30g
　トマトケチャップ … 小さじ1と1/2
　マヨネーズ … 小さじ1
スライスチーズ … 2枚
焼きのり … 適量

のりの顔はキッチンバサミで切る、もしくはキッチン用品店などで売られているのりパンチを使って作ると便利です。

保存方法 常温保存でなるべく早く食べきる。
食べるとき 加熱せずそのまま食べる。

作り方

ボウルに**A**を入れて混ぜる。

ホイルの上に餃子の皮を6枚並べ、それぞれに①を広げてから、スライスチーズをおばけの形のようにちぎってのせる。

オーブントースターで3〜4分焼き、キッチンバサミやのりパンチでのりの顔を作ってつける。

🍴 モンスターおにぎり

材料 (子ども1食分)

ごはん … 80〜100g
刻みのり … 適量
スライスチーズ … 1枚
刻みのり … 適量
塩 … 少々

作り方

ごはんを1/4ほどずつラップにのせて包み、丸くにぎる。

①に塩をまぶして、全体に刻みのりをかける。

②を両手でコロコロ転がしながら、ごはん全体にのりをくっつける。

スライスチーズを丸く切って8個の白目を作り、そこに丸く切ったのりの黒目をつけ、③につける。

保存方法 常温保存でなるべく早く食べきる。
食べるとき 加熱せずそのまま食べる。

クリスマス

冬の一大イベント、クリスマスを盛り上げるパーティーレシピ。チキンやケーキといったクリスマスに欠かせない料理を、子ども用に食べやすくアレンジしました。

🍴 キャンドルケーキ

材料（子ども3食分）

ホットケーキミックス … 50g
牛乳（または豆乳でも可）… 50ml
いちご … 5個（75g）
ギリシャヨーグルト（加糖）… 適量
サラダ油 … 適量

下準備

いちごはヘタをとり、2個は細かく刻む。

保存方法 1食分ずつラップをして冷蔵し、なるべく早く食べきる。

食べるとき 加熱せずそのまま食べる。

作り方

① ボウルに、ホットケーキミックスと牛乳を入れて混ぜる。

② 小さじで山盛り1杯ずつすくい、薄くサラダ油をひいたフライパンに1/9ほどずつ丸く広げて焼く。

③ 両面を焼いて中まで火が通ったらとり出し、粗熱をとる。

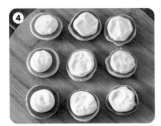

④ ③にヨーグルトを塗る。

⑤ ④の9枚のうち6枚に刻んだいちごをのせる。

⑥ いちごをのせたホットケーキを2枚ずつ重ね、それぞれ一番上にヨーグルトのみのホットケーキをのせる。最後に飾り用のいちごをのせる。

🍴 ハムチーズサンド

材料 (子ども2食分)
食パン (サンドイッチ用) … 4枚
ハム … 2枚
スライスチーズ … 2枚

作り方

1 食パンは、花や星など お好みの型で抜き、オーブントースターで焼き色がつくまで焼く。

2 ハムとチーズも**1**と同じ型で抜く。

3 パンの粗熱がとれたら、パン、ハム、チーズ、パンの順で重ねる。

4 **3**をお好みのピックで刺す。

保存方法 常温保存でなるべく早く食べきる。

食べるとき 加熱せずにそのまま食べる。

※子どもがピックを誤飲しないように、食べる前に必ずとり外してから与えましょう。

ホイルをクリスマス柄にするだけで、パーティー感がアップします♪

🍴 ローストチキン

材料 (大人2食分+子ども2食分)

子ども用
鶏手羽元 … 2本 (100g)
しょうゆ … 小さじ1
はちみつ … 小さじ1
酒 … 小さじ2

大人用
鶏手羽元 … 6本 (300g)
しょうゆ … 大さじ1と1/2
はちみつ … 大さじ1と1/2
酒 … 大さじ1
にんにく (チューブ) … 2cm

作り方

1 ポリ袋を2枚用意し、大人用と子ども用それぞれの材料を入れてもみ込み、1～2時間寝かせる。

2 天板にオーブンシートを敷き、**1**を並べる (子ども用と大人用が混ざらないよう注意する)。

3 210℃のオーブンで、予熱をせずに20分焼き、焼き上がったら手に持つ部分にホイルを巻く。

4 子ども用は、食べる直前に、キッチンバサミで食べやすい大きさに切る。

保存方法 ホイルを外して、1本ずつラップに包んで冷凍する。

食べるとき 600Wの電子レンジで30～40秒加熱する。冷たかったら10～20秒ずつ加熱を追加。

PROFILE

著 うたまるごはん

離乳食・幼児食コーディネーター、離乳食アドバイザー。4歳の
娘のママ。Instagramを中心に、子どもも大人も楽しめる離乳食、
幼児食のレシピを日々発信している。
Instagram@utamaru_gohan

監修 北嶋佳奈

管理栄養士、フードコーディネーター。昭和
女子大学生活科学部生活科学科管理栄養士
専攻卒業。ダイエットや美容・健康に関する
料理本の出版、各媒体でのレシピ開発やコラ
ム執筆、ラジオ・テレビ・イベントへの出演、企
業向け健康セミナーや個人向け食事サポート
などで活躍。

監修 淵江公美子

管理栄養士、離乳食・幼児食アドバイザー。
子どもの味覚教育に興味を持ち、保育所での
給食調理、食育、食事相談に携わる。レシ
ピ開発や栄養監修などでも活動中。

STAFF

調理/北嶋佳奈(Sunny and)
調理アシスタント/飯塚陽子、植草真奈美(Sunny and)
撮影/北原千恵美
スタイリング/木村柚加利
イラスト/これきよ
デザイン/木村由香利(986DESIGN)
校正/株式会社聚珍社、麦秋アートセンター
編集協力/上野真依、髙橋優果、林佐絵

撮影協力/UTUWA:03-6447-0070

うたまるごはんのかんたん親子ごはん

2024年1月2日 第1刷発行

発行人　土屋 徹
編集人　滝口 勝弘
企画編集　石尾 圭一郎
発行所　株式会社Gakken　〒141-8416　東京都品川区西五反田2-11-8
印刷所　大日本印刷株式会社
DTP　株式会社グレン

〈この本に関する各種お問い合わせ先〉
・本の内容については、下記サイトのお問い合わせフォームよりお願いします。
　https://www.corp-gakken.co.jp/contact/
・在庫については　Tel 03-6431-1250(販売部)
・不良品(落丁、乱丁)については　Tel 0570-000577
　学研業務センター　〒354-0045 埼玉県入間郡三芳町上富279-1
・上記以外のお問い合わせ　Tel 0570-056-710(学研グループ総合案内)
©Utamarugohan 2024 Printed in Japan

学研グループの書籍・雑誌についての新刊情報・詳細情報は、下記をご覧ください。
学研出版サイト　https://hon.gakken.jp/